日本社會的結構

福武直原著
王世雄譯

東大圖書公司 印行

c 福武　直(Tadashi FukuLake)

『日本社会の構造　第２版』

1987年　東京大学出版会(東京，日本)

Translated from the original Japanese edition

Nihon Shakai no Kozo 2E

published 1987 by University of Tokyo Press,

Tokyo, Japan

ⓒ 日 本 社 會 的 結 構

(附錄：日本的政黨概貌)

原　著 書　名	日本社會の構造
原著發 行日期	一九八一年四月初版
原著者	福武直
譯　者	王世雄
發行人	劉仲文
著作財 產權人	東大圖書股份有限公司 臺北市復興北路三八六號
發行所	東大圖書股份有限公司 地　址／臺北市復興北路三八六號 郵　撥／〇一〇七一七五——〇號
印刷所	東大圖書股份有限公司
門市部	復北店／臺北市復興北路三八六號 重南店／臺北市重慶南路一段六十一號
初　版	中華民國七十四年 二 月
再　版	中華民國八十三年十二月

編　號　E 54038

基本定價　叁元伍角陸分

行政院新聞局登記證局版臺業字第〇一九七號
著作權執照臺內著字第二四〇三二號

ISBN 957-19-0445-7 (平裝)

譯　者　序

一九七〇年代，日本的經濟成長達到世界先進國家的指標時，全世界曾引起一陣「日本熱」，各國學者相繼探究日本繁榮的根底。我國學界也針對此出版了許多討論日本經濟的好書。

「日本第一」的作者傅高義 (E. Vogel) 來我國時說：貴國與日本相隣，而且文化傳統、地理因素、物質條件等各方面均與日本相似，研究日本所以能從戰敗的廢墟中，登上「世界第一」的寶座較爲方便。可見我國各界若以日本爲借鏡，對我國的政治、經濟政策，以及勞工青年、企業老闆，甚至社會大眾，必有許多引發自省，截長補短之處，裨益必大。

然而日本的繁榮，若只從經濟的成長面去探討，或僅重視其經濟成就則只能嘆爲觀止別人的成功而有隔靴搔癢之嫌。

眾所周知，社會是人羣的組織，又是各團體的組織，在同樣條件下造成輝煌成果的是人，是組織而不是物質、金錢。所以要探究日本所以繁榮的原由，應從人與人羣所組織的社會去了解日本社會。

本書爲日本國立東京大學福武　直教授，用於 NHK 大學講座的教科書。日本人對日本民眾講授日本社會，可以說資料最眞實，可信性最大。我們可以從本書中發現日本人隨着社會的變動，如何改變其意識行爲，又他們的意識行爲如何驅動社會。但有一點我們必能肯定，戰前日本的「家」制度與「村落共同體」對日本社會影響至大。戰後「家」制度與「村落共同體」解體之後，勞資雙方如何把家族意

識的「團隊精神」移植在職業的領域，而且能把它發揚光大，該是驅使日本社會走向繁榮的根本力量。

本書分爲「近代日本的社會」、「戰後日本的社會」及「現代日本的社會」三章，另外附錄了筆者平時收集的日本政黨資料，相信讀者能從日本歷史的流程中，了解日本繁榮的原因，也可從社會的各層面尋求日本繁榮的答案。同時並可認識日本七大政黨的概貌，幫助讀者了解日本政治。

唯筆者課餘時間極爲有限，倉促用筆，漏失難免，懇祈各位先進不吝指正。又完稿時，承同事鄭晃昇教授及董惠人同學協助校稿，亦藉此一併致最大的謝意。

王　世　雄　敬識

中華民國七十三年十月二十五日光復節

前言——代序

　　此次的課程以「日本社會的結構」爲題，對我來說似乎有負荷過重的感覺。因爲我在第二次大戰中，才開始做中國農村社會的研究，真正過研究者的生活。然後從一九四五年至一九五〇年前後，針對日本社會的民主化，論「日本人與社會」❶，也在一九六〇年應有澤廣己、東畑精一、中山伊知郎等諸位先生所編「經濟主體性講座」之需，寫過「日本社會的人類結構」，但已時隔二〇年，對此類問題未再接觸過。後來我又於日本投降後，開始日本農村社會的實證研究，且以此爲自己的專門範圍。因此自認自己是一個農村社會學者，這是我覺得這門課程，對我稍有負荷過重的原因。

　　話雖如此，從一九六八年「東大紛爭」之後，因健康受損，把調查中的資料潦潦草草做一結束之後，已不再深入農村做實地調查，也未將戰後農村社會的急遽變化加以論述，對有關農村社會的講授頗覺痛苦。於是自一九七二年起，辭掉學部的課而爲教養課程的學生開「現代日本社會論」的課，一方面從各種側面概述日本社會❷，一方面介紹社會學的概念與研究方法。這樣一直繼續到一九七五年，也就是我退休前一年。我自己認爲上這門課，幾近於外行人的講述，缺少充分的理論分析，所以雖然繼續了四年之久，但深深懊悔在這段漫長的期間，未曾好好研究，未將此項講義內容好好充實。

---

❶　福武　直著「社會學の現代的課題」，一九四八年，日本評論社。
　　「社會學的基本問題」，一九五二年，東京大學出版會。
❷　福武　直著「現代日本社會論」，一九七二年，東京大學出版會。

本講義爲日本投降後，將前面所述講義與平時我所收集的資料連結而成，可能無法滿足讀者的需要。但這篇不充分的講義若能產生拋磚引玉之效，使研究日本社會的人才輩出，共同重視日本社會所面臨的問題，就心滿意足了。

然而如前所述，著者在二次大戰中，曾調查研究中國農村社會，對中國社會多多少少有一些心得。中國雖然說與日本同文同種，但兩者是異質的社會。當時我做這種比較後，也幫助我瞭解日本社會不少。又自一九六〇年底至一九六一年初，曾旅居印度兩個多月，做有關印度社會的廣泛研究，並於一九六二年末至一九六三年初，承蒙經濟學先進大內力教授與社會人類學教授中根千枝的協助，展開印度農村社會的調查。透過此次的調查，使我更加相信，在亞洲中日本的社會確實爲一個異質的社會。

一九六七年，著者曾由東京大學出版「亞洲農村社會——中國、印度、日本」(*Asian Rural Society; China, India, Japan*)，並發表「亞洲農村社會比較論之白皮書」小論文❸，提到家族及村落的結構差異，與這三個國家之相異有密切的關係。著者認爲這種「家」與「村」是瞭解日本社會的一個重要關鍵。在本講義中也仍把它做爲一個重點。尤其爲瞭解戰前的日本社會，這是一個不可缺的角度。同時其特質的解體與殘存，在戰後社會的分析上，也是一個重要的因素。

戰前與戰後，本講義中曾以「近代日本」與「現代日本」予以分別。雖然以英語來說都是「Modern」，但以二次大戰投降爲界，日本社會確實產生了很大的變化，因此希望以近代與現代來分別兩個不同的時代。同時若從工業化 (Industrialization) 的觀點來看，現代化也就是從工業社會趨向高度產業社會的變化，所以也希望在這種觀念

❸　福武　直著「社會學の方法と課題」，一九六九年，東京大學出版會。

中，來瞭解近代日本的社會與現代日本的社會。在這種情況下，我們也必須提到現代化 (Modernization) 一詞。本來現代化就是一個漠然曖昧的名詞，因此有人說工業化反而較爲妥當。事實上現代化的內涵爲工業化，與隨着工業化而發生的都市化。而工業化又是受機械力大量生產的影響，生產的比重從農業轉向工業，社會的比重從農村轉向都市的一種歷程。這種變化雖然具有可視性，但我們也應愼重注意，這種社會結構的變化也會使「現代化前的人與社會」現代化。又日本的社會曾受過無謀的戰爭而崩潰的經驗，因此戰後許多人把近代化的重點放在民主化，說是所以發動戰爭的原因爲無法阻止導向戰爭的原罪意識所致❹。著者以爲研究戰後社會，應能重視這一點。

　　因此在這篇講義的第一章中，首先希望讀者瞭解始於明治維新的現代化，到底在何種情況下，或說在世界史上的什麼環境下展開，並且帶有何種性格。然後更須知道，日本的產業結構雖然產生很大的變化，但至進入昭和期的戰時體制以前，大致可以說仍以農家及自營商工業主爲主體。在這種社會結構之下，「家」、「村」及「鄉鎭」所占的地位非常重要。尤其我們要瞭解日本的「家」制度對日本社會所演的角色與功罪，同時我們也應討論「村」及「鄉鎭」等共同體的性格。讓我們認識「共同體」並不是社會經濟史上所說的「共產社會」(Gemeinde)，而應是共同利益社會 (Gemeinschaft)。換句話說，那是指人民生活上的欲求，在自給自足的原則下，多少能充足的社會。大部份的人在此生長，在此生活，在此埋葬，具有共同命運性的社會。因此並不是打算利害關係的結合而是有融合情感之優越性。這種社會的成員，因有身分上之高低，社會性拘束很強，不僅會產生支配

---

❹　富永健一著「日本近代論の批判的檢討」，一九七三年，東京大學出版會。

與從屬的關係，也容易實施相互扶助。近代日本的「村」及「鄉鎮」應是這樣的社會。

　　日本人的社會性性格，就在上述的「家」、「村」及「鄉鎮」中形成，於是日本的社會也結成家族主義。所謂家族主義（familism）是指個人無法脫離家族而獨立，家族比構成家族的個人更受重視，而且這種家族的人類關係，更擴大至家族以外的別人所產生的行為方式、社會關係及價值體系的特徵。這些均可在家族經營爲主的農業社會中廣泛見到。除此之外，日本的家族主義，還包括「封建性家族主義」的特質。這種家族主義與階層結構在一起，使日本整個社會成爲家族主義的國家，這種動向也就是招致大日本帝國崩潰的原因。

　　本講義第二章爲論大日本帝國崩潰後的民主化與其界限。依據「戰後的民主化」之輿論調查，認爲「應配合日本的實情加以改進」的人，始終達到百分之六〇左右。戰後的民主化就是在這種意見紛紛中成長。結果不外是把明治時期「富國強兵」路線的下半段切除，集中於「富國」路線，促成高度經濟成長。然而在這種高度成長中，如何發動高度工業化，農業結構怎樣激變，都市化如何急速進展，受雇勞工的比重增加而勞動界產生何種變化，甚至在這種情況下，已趨向於大眾化的社會到底與戰前有什麼不相同等，都是戰後社會的主要變動而逐一加以討論。同時我們發現經過這場變動，原來制約近代日本社會的「家」制度，已面臨全盤瓦解，村落等共同體社會的性質也產生變化，失去了昔日共同命運的作用。

　　經過這種變動之後的現代日本社會，著者在第三章中均一一提到。換言之，本講義第三章以輿論調查的結果，說明現代日本的人與社會，與戰前相比如何變化，又在何種方面留下近代日本的性格。同時也比較分析現代與近代的階層結構，論及「保守派政黨」主張革新

而「革新派」反而主張「保守」的政治結構。並且談及何種力量支持
這種政治結構的問題。

　　眾所周知，保守政治雖使日本走上經濟大國，但無法解消生產領
域中的不平衡而造成生產與生活不平衡的後遺症。至一九六〇年代末
期，經濟建設與社會建設雖已成為內閣的執政口號，但這個口號卻在
沒有什麼成果下黯然退色。承經濟高度成長的餘澤，稍獲擴充的社會
保障與社會福祉設施，也隨着高度成長的結束而必須付之重新檢討。
諸如此類的問題，均會因高齡化社會之迎面而來更趨嚴重。如今日本
的社會正站在這種變換期中，至少八〇年代是這樣的一個時期。我們
期望在這種複雜錯綜的情況下，能創造一種新的社會連帶關係，只有
待全國民眾之自覺與努力了。

日本社會的結構　目次

第一章　近代日本的社會

一　日本社會的現代化

　　一般學者均公認明治維新（一八六八年）爲日本現代化的開始。
也就是說，日本的社會自明治維新走上現代化之路。至於有關社會的
演進歷程，一般學者都把它分爲三個階段：卽

　　㈠從原始社會發展至古代社會；

　　㈡從古代社會發展至封建社會；

　　㈢再從封建社會發展至近代資本主義社會。

　　雖然各國因政治、經濟等客觀因素不同而其社會的發展過程也不
完全一樣，但日本的社會，確實有一段漫長的封建主義社會時期。一
直到明治維新改革各種制度，才發展至近代資本主義社會。

　　然而現代化社會與未現代化社會，在特質上有顯著不同：人類學
者羅威（Robert Lowie）將社會的演進比喻做人生遊獵知識，把它
分成三個階段說：「假定一個人的壽命爲一百歲，則八五歲以前爲幼
稚園階段，九五歲時爲小學階段，最後五年爲國中、高中、大學的階
段」。換句話說，中世紀以前，社會的演進歷程很長，速度較慢；中

世紀至近代的發展漸漸顯著；而至近代之後，社會各方面的進度更爲迅速。也就是說，人類在近代社會中，由於生產力之快速增加，更由於交通、通訊技術之進步而擴大生活領域，同時也因社會分工而形成分化而複雜的社會。這就是人類在現代化社會的生活與在未現代化社會中生活，顯著不同的地方。具體地說，在現代社會，人類的生活領域不再限於自己的家鄉，更不是在自己的家鄉終其一生。幾乎所有的人，都作地域性的移動，改變生活的場所。並且個人天生的身份也不再被固定，階級升降的可能性愈來愈大。

因此從理念上說，人類已從地域的封鎖性與身分的固定性社會中獲得解放，人類具備了市民性格成爲自由而平等的個人而構成新的社會面貌。所以近代社會也可以說是市民社會。於是過去囿於村落共同體及先天的身分差別的民眾，開始意識到社會爲一個關係錯綜複雜的複合體。但對未現代化以前，卽德川幕府以前的人來說，縱然已意識到廣大的人間，也沒有必要認定社會爲超越自己村落，具有抽象而不易了解的錯綜複雜的各種關係。

然而日本近代社會在這種意識的遞變下，究竟有沒有發展至市民社會呢？有許多人認爲日本在現代化過程中已發生了偏差，並未成爲市民社會。其實際情形到底如何？我們在尋求答案之前，必先考慮到兩個重要的事實：

第一：日本現代化的起點爲一八六八年的明治維新運動，比英國的產業革命（一七六〇），法國的革命（一七八九）約遲了一個世紀。

第二：日本現代化的起因不是由於國內的需求，而是由於外國商船前來強迫通商所致。

回顧幕府末期，日本社會的結構實在還未完全脫離封建社會。雖

然德川幕府時代，社會的封建體制已有瓦解的徵候，但尚未達到完全動搖，產生近代資本主義社會的地步。換言之，農民的貧窮與暴動，雖然此起彼落，動搖了封建社會體制的基礎，但其範圍究竟還未波及全國，尚無否定封建制度的威力。再說，高利貸的商業資本，雖然已浸蝕封建經濟至相當的程度，但現代社會所需要的產業資本尚未成長。在這種經濟情況下，「家」、「村落」、「鄉鎮」自然成為大部分人生活的全部世界。其生活領域尚無法超越這種自足性小社會去意識更大的社會。換言之，在「家」、「村落」、「鄉鎮」等封鎖性小宇宙中，人民依然過着未現代化前的社會生活。

這種封鎖的封建社會，一旦受到外面的壓力，不得不接受開港的條件時，所受的衝擊至為強大。當時先進國家已經過近代市民革命，而現代社會也已至成熟階段。同時其資本主義也有變質呈帝國主義的傾向。因此先進各國前來日本逼迫開港的衝擊，實帶有殖民地化的危機。

明治維新就發生在封建日本與現代化先進國家之間的一百年斷層之間。而這種斷層的重大壓力，導致日本現代化的偏差。因此明治政府以下層的武士與藩閥勢力，做為明治維新的主要動力，從抵抗外敵的攘夷運動，變成接受外敵的開港主張；一面想尊皇，一面又不得不開港而感覺國家蒙受恥辱，一面想打破封建體制接受先進國家的新觀念，然而封建的性格根深蒂固，結果只是把傳統的社會體制移植到現代社會中，明治維新同時也是「王政復古」，原因在此。

由此可知，維新的進程從頭就發生偏差。由於接受開港的條件而痛感國恥的社會支配階層，發現日本的文明比歐美遲緩了一百年以上時，深感國家民族的危機，而集思廣益，集中力量，努力於如何擺脫殖民地化的危機，建立一個能確保獨立，對抗列強的國家。換言之，

維新的目的不在實現市民社會的理想，而是如何擺脫封建主義的枷鎖，一舉趕上歐美先進國家，躋升帝國主義之林。因此日本的現代化是為加強國防，修改不平等條約，富國強兵的政治取向。一方面接納西洋文明的自然科學與技術，大力提倡以富國強兵為目的的政策，發展現代化產業，但另一方面卻要重視寺廟崇拜的教育，強調以德為體的亞洲文化，徹底鼓吹忠孝合一的倫理道德觀念，以便能阻止因現代化而覺醒的市民自覺，維護封建家族主義，擴充大日本帝國優越性的神國思想。於是生活在小宇宙中，不知現代化國家的日本國民，被灌輸大和民族的優越感等乖謬思想之後，自然把過去在封建社會中所陶冶的犧牲奉獻精神，轉向天皇制國家。當然這不是與個人的自覺並立的愛國心。此時期的日本民眾，實在還不了解生活圈的小共同體與國民共同體的正常關係。犧牲奉獻的愛國心就這樣架構在不了解大小共同體之正常關係的裂縫上面。

然而這種政策卻在矛盾的擴大與深化下，獲得了相當的成功；資本主義在近代科學技術之導入與優厚的保護政策下，阻礙農民解放、犧牲農業的政策中迅速成長。另一方面，隨着生產力之提高而發展的交通、通信技術，更把長期間陷於孤立分散狀態的封建制地域社會，統一成近代中央集權國家。換句話說，日本雖然經過一段迂曲的過程，還是制定了憲法，成為擁有現代化軍備的國家。

這種現代化與歐美各國相比，實有顯著的偏差。也就是說，由於官營與半官營資本主義的推進，資本家階級不但不與政府對立，反而互為祖護，強化了政商的性格。進一步說，利用日本封建遺制發展起來的日本資本主義，一開始就沒有挑起開拓人類自由平等的歷史使命。因此雖然建立了現代化國家的形式，也無法結合主權在民的進步觀念，更無法展開市民民主的政治。換言之，僅披現代化外殼的日

本，實質上仍是以皇室爲宗家的家族國家而已。

總之，由上而下，以驚人的速度推進的日本現代化，一開始就使原來的不均衡與偏差不斷擴增，因此隨着偏差之增大，不得不從外面尋求解決辦法，帝國主義的侵略政策就在這種情況下應運而生。換言之，以對外的膨脹代替滿足人民的需求，實施民主政治，培養人類自由風尚的正確途徑。最後這種偏差達到頂點時，終於招致「大日本帝國」的崩潰，第二次世界大戰的悲劇，實爲日本現代化累積下來的矛盾之總結果。

二　近代日本的產業結構

始於明治維新的日本產業現代化，是在政府主動的推展中展開的。

明治政府於一八七〇年代廢止封建制度之後，一方面努力於交通、電信、金融等各種事業之現代化，同時也以官營企業的方式，從歐美引進了現代化產業。當時這批產業現代化的基金，幾乎全部取自農民田賦等稅收。因農民人口占全國就業人口的百分之八十以上，在百業頹廢，農業獨興的社會下，從農民課徵的稅收占政府財政中極重要的地位。

以這種力量推展資本主義產業，起初以紡織工業爲主，但至二〇世紀初葉時已發展至船舶工業、武器工業等國防性重工業。然而雖有這般迅速的發展，至明治末年時日本仍停滯在農業國家的階段。根據一九〇七年的統計，從事農林業的人口，約占全國就業人口的百分之六二，而工業人口則仍停留在百分之一五左右（如表一）。

表一　職業別人口 (%)

職　　　業	1907	1930
農　林　業	61.7	47.8
水　產　業	1.9	1.9
鑛　　業	1.1	1.1
工　　業	15.1	19.9
交　通　業	2.2	3.9
商　　業	9.5	16.6
自　由　業	4.4	5.9

註：1907年資料爲根據山田雄三編「日本國民所得推計資料」增補版，1957年東洋
　　經濟出版社發行，p. 152, 1930年資料爲國民調查資料。

　　尤其值得注意的是，工業人口中，在規模五人以上員工的私人工廠及官營工廠的勞工，僅占百分之二二。若把規模未滿五人的零星工廠及手工業，視爲業主或其家族的自營業，則雖說工業人口已占百分之一五，但事實上領薪水的勞工，可以說僅占全部就業人口的百分之五而已●。不僅如此，在規模五人以上員工的工廠工作的勞工中，男性所占的比率不及四成，可見女工占了很大的比重。其主要因素爲，當時的工業以適合女工操作的紡織工業爲主的關係。然而女工可以說大部份爲暫時性就業人員，眞正以工業爲終身職業之現代化勞工，實在少之又少。所以至明治末年，日本雖然已推動了約四〇年的現代化政策，但仍無法擺脫農業及自營工商業占壓倒性比率的社會。

　　但從明治末年至昭和初年的二〇年間，日本的資本主義型 現代

　　● 大內　力著「日本經濟論」，一九六二年，東京大學出版會。

化，進展得非常快速。想不到明治末年，以全國就業人口六成的農業
人口，創造全國一半以上的總生產額之農業國家日本，一到昭和初年
就脫胎換骨，形成一個工業國家。因為原來占五成以上的農業生產
額，已降至三成以下，反之工業生產額則從三成弱增加至五成半。而
且不但繼續發展了輕工業，更推進了鋼鐵工業，造船工業，機械工
業，化學工業，電機工業，重化學工業的發展。同時明治末年，在規
模五百人以上工廠中工作的員工，僅占規模五人以上工廠之二成，到
了昭和初年，此項比率已超過了三成。可見大規模工廠增加了很多。
但是根據一九三〇年，日本國勢調查之統計，農業人口還占就業人口
的百分之五〇左右，而工業人口則約占百分之二〇而已。該項資料同
時顯示，在工業人口中，在規模五人以上的工廠及官營工廠就業的員
工，僅占工業人口的三分之一左右。由此可知，昭和初年雖比明治末
年勞工人數增加不少，但事實上薪水階級的勞工，約占就業人口的一
成而已。因此至昭和初年，日本雖已推動產業現代化約六〇年，但農
家、自營工商業者的比重仍相當偏高。從「表一」中雖然可以看出一
九三〇年的商業人口，比一九〇七年有顯著的增加，但事實上增加的
成分大部分為雇主及自營業者。換言之，雇主及自營業者遠比雇工為
多。由此可知，所謂商業人口的增加，其實絕大部分為零星商業。不
過我們也必須注意到，推動產業現代化六〇年以來，原來在規模五人
以上員工的工廠服務的員工，有一半以上變成在規模一百人以上的工
廠工作。可見此時期的許多工廠，不再是家族手工業，而是以財閥關係
企業為主。尤其化學工業部門的大工廠已陸續發展，並以它為中心產
生許多在大工廠工作的藍領勞工。然而從整體的工業來看，在四人以
下規模的工廠工作的勞工，仍然比五人以上規模的工廠之勞工為多。
尤其六成以上的男性勞工，還是屬於零星小工業的工人。這種現象，

不但說明了當時工業勞工的雙重結構，也說明了現代化以前，老闆卽工人的遺風仍然存在（如表二）。

表二　工廠規模別職工數（％）

	5～10	～30	～50	～100	～500	～1000	1000～
1909	13.6	21.3	9.5	12.3	22.5	7.0	13.8
1919	8.6	16.4	8.6	11.2	23.7	9.0	22.3
1929	10.8	15.6	8.1	10.5	23.8	11.2	20.0

註: 工廠統計表

不必贅言，一九三○年代，日本的社會已進入戰時體系，跟着戰爭的腳步，更推進了重化學工業。一九四○年時，農業人口的比率，已從百分之五○降至百分之四○左右，工業人口則從百分之二○增至百分之三○。同時在規模五百人以上工廠服務之勞工，也已占全部勞工的百分之六○，商業雇工也占就業人口的百分之四○，工商人口均有顯著增加的傾向，這是集中勞力生產武器，充實軍備所帶來的結果。

另外，工商業發展的結果，必會促進都市的發展，明治維新時，農業人口超過全國就業人口八成以上，而都市人口尚不及一成，當時日本全國一萬人以上的小鎮與都市，加起來也不過九九個市鎮，但二○年後，全國計有一六六個市鎮，其人口占全國的一成半。五○年後的一九二○年，全國市鎮已增至二三二個，人口占三成以上。可見都市化的進展相當顯著。

但若撇開小鎮不算，僅以市的人口來說，一九二○年時，市的人口尚不及全國總人口的百分之二○。一九三○年則有九九個市，人口

占全國之百分之二五。又根據日本政府的國勢調查資料，一九三〇年時，五萬人以上都市的人口約爲全國的百分之二五，但一九四〇年時已增至百分之三五左右（如表三）。

表三　五萬人以上都市人口之比重（%）

	1920	1930	1940
100萬〜	6.2	7.1	17.2
50萬〜	2.2	4.8	2.7
10萬〜	3.8	6.1	9.5
5萬〜	3.7	6.8	5.2
計	15.9	24.8	34.6

若連五萬人以下的小鎮也計算在內，一九四〇年時，因重化學工業的發展，已有一二五個市，人口占全國之三八。至第二次大戰投降前，此種人口已超過了百分之四〇以上。但是這種情形乃完全爲了準備戰爭，集中人力於國防工業帶來的結果，並不是正常的都市化現象。因此還是以一九三〇年代的都市人口比率（百分之二五）做爲日本社會都市化的概念較爲合適。同時不可忘記，雖然有四分之一的人口住進了都市，但其中一半以上仍舊爲自營商人及零星的家庭工業人員。

　　由此可知，日本的近代社會，雖因急遽推展國防工業，而成爲亞洲最先進的工業國家，披上了工業社會的外殼，但在實質上仍無法擺脫農業社會的性格。隨着工業化之進展，雖然也加速了都市化的腳步，但從整個日本社會來看，可以說一直停留在農村社會結構的階段。換言之，當時日本社會的大部份人口，還是以家族成員經營的零

星工廠及從事農業爲主。工商業人口雖有增加傾向，但與現代化前的社會比較相差無幾。

對這種由家族成員自營的農工商業來說，家族不僅是共同生活團體，同時也是生產團體。換言之，無論農業或工商業，對他們來說是名符其實的「家業」。然而依照日本社會的傳統，「家業」在原則上應由長子繼承，因此家庭制度在日本近代社會中，持續了相當長期間的影響力。

再說，一直到昭和初年，占人口及生產兩方面最大比率的農民，耕耘由祖先傳承的土地，在農村中營其生活。這種具有共同體規制的農業村落，使他們能自給自足與世無爭。也可以說是他們生活的小宇宙。雖然隨着現代化的進展，農民也受了貨幣經濟及商品經濟的衝擊，但對農民來說，村落依然爲生活關聯最密切的地方。

又在都市方面，零星自營的工商業者，店舖卽其住宅，工廠的一隅也是其臥室。他們與農民一般，無論工作或生活，整日都在自己居住的小城鎮中。現代化前的城鎮都有鄰里的組織，隣居守望相助，其關聯性及連結性並不亞於農村，因此，與其稱它爲市鎮，不如說仍是村落社會較爲實在。

因此在談及日本社會之前，必先了解日本的「家」及「村落」制度。

三　「家」制度的功罪

往昔日本的家族，一向以長子娶媳婦（若無長子則長女招女婿）後，新夫婦與父母及祖父母在同一家庭中共同生活爲原則。這種家族關係，很顯然以親子關係爲中心，而不是以夫婦關係爲中心。

這種家長權力至爲強大的直系家族，不單單是家族的結構，實具有日本人傳統的「家」的觀念。它是日本社會的構成單位。日本人對家族與家，存有不同的概念。家族是從祖先至子孫、直系繼承、代代相傳的家的現象型態；而「家」則家系的直系連續體。長子繼承父親的「家」，次子以下的子女則因不能繼承而另組新的「家」。這種新創的家，以後仍與他原來所出的「本家」一樣，由其直系子孫代代繼承。因此在一般情形下，長子繼承「家」，獲得家長地位，擔任所謂「家督」的任務，同時也隨着家督的地位，優先而總括地繼承家業及家產。至於次子、三子，或許可能在另組新家時，獲得一些財物（或許金飾），女子出嫁時或可能獲得一些嫁粧，但其所得實爲寥寥無幾，他們都沒有請求分給財產的權利。

這種長子繼承制度，是過去封建社會體制下的產物，是日本「家」制度的特質。社會學家韋伯（Max Weber）說：世界上形成最純粹的封建體制的地方，只有歐洲和日本。日本雖與印度、中國同位於亞洲地區，但卻與印度、中國的男子均分財產制度完全不同，而形成長子優先繼承的制度。在現代化以前的德川幕府時期，領導階級的武士之俸祿固全部由長子繼承，就是其他平民也無形中沿用了這種制度。然而事實上農工商庶民並不是不能分割財產，而是因爲政府爲了徵收年貢，必須確保一定面積的土地，頒有「分地限制令」，即未達計算年貢標準以上之土地，限制分割而已。所以事實上農家仍有將家產分給次子及三子的情形。但無論如何，這種武士的家產繼承制度，非常適合保持整個家業及家產，因此也在庶民間普遍採用。

明治政府成立之後，雖然在各方面推行現代化政策，但在家庭制度方面不但無法改變，反而更強化了這種現代化前的封建遺產。原來在日本尚有一些地方，沿用從長子依序離家另起灶爐而由幼子繼承家

業的「幼子繼承制度」，也有一些地方因長子的出生較晚，由長女招贅. 由長女繼承家業的「姐姐家督制度」。但明治初年，以武士的家族制度爲範式制定的民法，正式規定長子繼承家業，這種由長子繼承家業，任家督的「家」制度遂正式成爲日本全國的制度。在十八世紀稱霸歐洲，以專制著名的法國也在自由平等的理念之下，拿破崙在法典上規定由各子女均分繼承家產的制度，反之日本在其數十年後仍無法擺脫舊制而與現實社會妥協，公認現代化以前，封建時期的繼承制度，實在令人可笑。

但想不到弄巧成拙，這種「家」制度卻對明治時代以後的工業化有重大的影響，許多學者一致公認，德川時期之藩校與私塾敎育，以及明治維新之後義務敎育之普及，對工業化有很大之貢獻❷。但論者認爲除此之外，更不應忽視「家」制度給工業化提供充分的人力。詳言之，其主要影響如下：

㈠因工業化的推展，新雇用市場陸續出現，未繼承家業或家產的青年，離家另謀生活時，正好有就業機會，滿足雇用市場之需要，提供勞力。雇用市場也在無形中保障了這些青年的生活，使社會安定。假使日本也採取與印度及中國一般的男子「均分家產繼承制度」則大部份青年都可能留在家鄉，無法充足供應工業所需的勞力。

㈡不但避免零細分割家產，而且長子在繼承家業之後，對未繼承家產之貧困兄弟，產生施捨救濟之義務感，加強了兄弟間之親睦。在政府方面則減少了社會福利經費的負擔。

㈢長子繼承制度比家產均分制，易於保持家格。雖然在明治時期已否定封建時期的「身分制度」。但事實上根深蒂固的身分階層如華

---

❷ Ronald P. Dore *Education of Tokugawa Japan* 1965。松居弘道譯「江戶時代の敎育」，一九七〇年，岩波書店。

族、士族、平民等意識，一直遺留在日本社會之間。因此明治政府雖
有四民平等之規定，但顯耀家名，立身成功之志向，提高階層意識的
欲願，非常興盛。這種意願對日本的工業化，產生很有利的積極作
用。

　　除了這些影響之外，這種制度在另一方面卻遲緩了社會福利制度
之立法，使勞動條件停滯在最低限，也使社會保障制度未能積極進
行。

　　然而所謂「家」，除了現有的家族成員之外，也包含維持家業、
家財的生產手段及埋葬祖先的墓園等一個整體的觀念。那是從過去到
現在的總體，在地域社會中，占有它一定的階層地位。因此「家」遠
比在家中一起生活的各個家族成員重要。在日本的社會中，一致認為
為了「家」委屈犧牲個人的人格是當然的道理。

　　像這樣重視直系的連續性家庭，很自然的對家長付與權威，諸如
管理家產，主持祖先祭祀，指揮家族成員，經營家業等包含無遺，權
威至為強大。

　　這種家庭之家業所得全部歸家長支配，家族成員各人的勞動所得
對「家」的貢獻，在家族一體勞動的制度中，既無法計算，就是家產
之生產手段如農業、商業及手工業等所得，更不屬於個人所得的性
質。因此掌握家業所得的家長，也掌握了家族全體的消費生活。家長
不但把日常生活費用，按實際情況有限地交給家庭主婦處理，而且連
家族成員的零用金也統由家長發給。家長的權威既然如此強大，繼承
家長的長子的地位也自然提高，特別受人重視。因此在日本社會中，
以「貨品」、「後嗣」、「後備」等名詞諷刺子女地位之不同：

　　「貨品」卽將來當做貨品出嫁的女兒。

　　「後嗣」卽將來繼承家長地位的長子。

「後備」即萬一長子夭折時，代長子繼承家業的次子。同時這種說法也意味着，希望先生一個將來可當貨品出嫁的女兒，然後生繼承家業的長子，最後再生一個長子萬一夭折時，預備繼承的次子之社會各階層之心態。

一般來說，家長對長子與次子、三子的待遇有顯著的不同，他最重視長子的地位，長子不但是總領導，也是老板，而次子、三子可以說爲被冷漠的附屬品。本來他們都是父母所生的子女，父母對他們的愛應無厚薄之分，但「家」的存續乃最高的目的，所以繼承家長地位的長子，自然也最受重視。因爲長子不但要接受繼承家長的地位，同時家長夫婦也要把將來老後的扶養義務完全交付給他們。

反之，最被蔑視的人是有兄弟的女兒，她們的地位，幾乎等於不必要之貨品。前述「貨品、後嗣、後備」之說法，把等於貨品的女兒排在最前面，只是農業社會中，家庭極需幫手，需要先生一個女兒，幫忙家務的心願，絕非重視長女的地位。在男性本位的家庭制度下，女兒結婚前必須替她準備相當的嫁粧，結婚後又得耽心她的生活，繼續在零用錢及衣物上接濟她，使她在結婚的家庭上有面子。因此扶養女兒一直是一種消費，不受大眾歡迎。這種情形在貧困家庭更爲嚴重。貧窮家庭因無法給女兒什麼嫁粧，女兒爲了生活不得不出門去幫傭或做一些工資低廉的工作。如果這樣也無法維持生活，則只好淪入煙花賣身，以幫助父母整建家庭，於是女兒果眞成爲貨品。這種各家的女兒爲了生活出門尋找工作的社會結構，促使大部份婦女從事女工，負起紡織工業的生產工作，無形中成爲工業化的主要力量。

這種制度，從家族個人的立場說，阻礙了人類平等觀念的發展，造成男女性的差別待遇。但從整個家的立場，尤其從「家的分出」過程說，由「本家」而「分家」，再從「分出的家」分出所謂「孫分

家」，不但能使家族成員公認其主從關係，並有下列特點：

　　㈠依照擬親子關係的風俗制度，成為家族的傭人，可因分家而成為同族的真正成員。

　　㈡屬於分家的次子或三子等，若回到本家幫傭而獲得本家分給家產另組新家時，新家不屬於其生育的分家，而成為本家的分家。

　　日本社會所謂的「同族」，與中國的宗族及印度的哥特拉(Gotra)等具有不同的特質。以經濟實力維持「本分家」關係序列時，總本家對同族內各家，具有強大的統治力，能够確實維持同族團體的結合。換言之，中國的宗族以族產而結合，日本則以「本家」的家產成為同族結合的物質基礎。

　　然而這種典型的同族團結制度，並不是日本現代社會的普通現象。但無論如何，社會大眾已廣泛地承認本分家關係中的本家地位。即「分家」自然以各種形式依存本家，使家本身無法具備完全獨立的性質，而接受同族關係的制約而產生老闆即義父，傭人即義子的親子關係。猶如同族團體為日本式家的擴大，親子關係的結合，正是主從結合為特質的日本式家族主義的現象形態，是強烈連結日本人的基軸，也是日本社會結合的原理。

四　鄉村與市鎮的共同體性格

　　前已說過，日本明治維新時，全國有百分之九十以上的人口居住在農村，而農業人口為全國人口的百分之八〇。半世紀後的昭和初年，都市人口尚未達百分之二五，而農業人口約為百分之六〇左右。其間在農業戶數與農業人口方面，縱有若干的增減，在實際數量上並沒有太大的變化。大略言之，都市人口增加的部分，大約等於農村所

增加的人口。以當時三比二的農村與都市的生產比率推計，從農村移動至都市的人口爲都市人口增加的原因。因此我們也可以推論，一九四〇年前後，都市人口雖已增加至百分之四〇左右，但約百分之八〇的人，仍爲在農村生產的人。

是以對近代的日本人來說，村落是人格陶冶的地方。有人說：「日本文化的根底，深藏於村落」❸。也有政治學家試以「自然村的秩序原理」來解明近代日本的精神結構❹。另有許多社會學家從事於「村落社會」之研究。可見村落在日本社會中，確有它的重要性。

德川時期，所謂「村」或指大聚落中的小村落，或指山間分散的幾個小村落之大聚落。但一般而言，一個聚落就是一個「村」。當時的「村」爲政治支配的單位。也是上納年貢的單位組織。政府按照村落的大小、生產的條件，規定該村的年貢數量，由村民負按期繳納的連帶保證責任。村落範圍區劃清楚，如果農民的耕地在其他村落，則該地應納年貢要透過他村繳納。繳納的方式是以整個村的名義，而非由個人納貢。因此村民對該村的觀念，非常強固而團結。甚至有人說「村有領土」，更有人說「日本的村爲屬地主義而非屬人主義」。這種組織，這種觀念，強化了日本人的村落地域意識。這是與中國及印度所不同之日本社會之特質之一。這種村落，以實施集體勞動式的灌溉稻作農業爲主體。換句話說，必須靠村民共同製造水田，共同導入灌溉用水始爲可能。甚至灌溉用水的整修與管理，也不是在個別意見下所能實施。又在依靠自製肥料的時代，肥料之需求必自各村所屬的山林原野中取得，同時這些山林原野，又是各村農家日常重要的薪炭

❸ きだ　みのる著「日本文化の根底にひそむもの」，一九五六年，講談社。
❹ 神島二郎著「近代日本の精神構造」，一九六一年，岩波書店。

林，於是更造成村落一體的共同勞動。換句話說，不論水或山，都必要由村落一體的管理。雖然隨着科學的發達，農業改用化學肥料，使共有林野漸漸失去重要性，但在共同利用水源方面，仍然必須靠共同管理灌溉水路。可以說到了私人生產爲主體的現代，仍然需要共同體制的運用，村民彼此協力，否則無法順利達成生產目的。由此可知日本的村落一直到近代，仍被視爲一個共同體。

這種農業生產方面的共同體制，當然也影響到社會生活方面。雖然明治維新之後，構成村落的農家也受到了商品經濟的衝擊，然而仍以從事穀糧的生產爲主，提供了糧食的自給自足。從這一方面來說，村落繼續保留了自給自足的狀態，村民多少仍過著封鎖性的生活。換言之，村落仍然是某種程度的小宇宙，農民在這個小宇宙中，過著從事生產與消費的生活。於是其他面的社會生活也受到了這種共同體制的影響。如喜喪宴慶之相互幫忙，建築或整修房屋之協助，代鄰居留守，照顧小孩等，都是共同體生活留下來的生活面。於是各村的社稷成爲村民一體性的象徵，凡外部社會的相對性隔離，或對近鄰各村的山林、灌溉水路之對立摩擦，使村民的共同意識更爲強化。他們以村落爲社會生活圈，早晚相聚，常住坐臥。多方關連的村民，因其戶數少則十幾戶，多也不過一百多戶，而其移動性極少，彼此間必定非常熟悉，各人的關係又具有歷史性，因此其共同體觀念如何強固，彼此的關係如何緊密可想而知。

不僅如此，日本的村落共同體與地主制之階層制度也有密不可分的關連。沒有村民共同勞動及互相扶助，無法生存的農民，事實上都生活在地主與佃農的關係之中。位於地主佃農爲基礎的身分階層的地位，換言之，在鄰居關係，親族關係，饋贈關係或勞力交換關係中生活的農家，實質上更結連在地主與佃農或地主與雇工關係之中。是以

從村落的社會規劃上說，愈下層愈須勞動。有人說，最下層的貧農，對村落的貢獻最大，但卻被埋沒在村落共同體之中，並不過分。

當然從明治而大正而昭和，這種共同體的性格也隨著時代的變遷，產生了變化。前面已提過。村為自給自足的單位，但跟著時代之進步，商品的生產漸次發展，村裏的民眾也不再以村中的生活為滿足，而擴大其生活領域，於是在農業生產方面，需要共同作業的部份也逐漸縮小，至他地尋求兼業的人也多了。尤其一八八八年施行「新町村」制，四、五個村莊合併成一個市鎮之後，村更失去其共同體的自治特性而成為政治行政上的一個單位，不能不說是一個大的變化。

改制後行政上的「町村」，對推動國家委託的事務，已感到精疲力盡，無法發揮村落原有的自治功能。換言之，各村原有的自治功能，共同體意識等，並未因村落合併的行政改革而破壞。村雖被利用為政令下達的單位，但依然保留其自治功能。另外，行政當局也試將村原有的林野、社稷等，隨著「町村改制」而將其合併為町村共有。把各村守護神的社稷合祀為「町村」共有的守護神，以強化新「町村」的統一，但並未成功。不但如此，經大正初年至昭和初年之農民抗爭，行政上的「町村」已徒有其名，至昭和初年的經濟恐慌時期，全國人民生活在饑寒交迫，朝夕不保之中，政府大力強調村落原有的共同體意識，發揮鄰保共助的醇風美俗。後來在第二次世界大戰，倡導「皇國農村建設」聲中，村的功能又因戰時的需要被強化而受到重視。

如上所述，在日本現代化的過程中，「村」雖然也產生了種種變化，但於團結與和睦之前提下，始終未失去彌補階層矛盾的規劃力。又明治末年以後，雖然陸續成立了各種團體，如產業合作社、婦女會、青年團等，但各種團體均包括了村中各階層成員，而且為了整個

村的和氣，合理創造共同利益，對任何事，以村民集會一致決定的**傳統方式**，也未曾改變。

相對的，屬於都市形態的「町」，僅徒有共同體之名，而無村落共同體之實質意義。然而自德川時期，住在「町」的人與村民一樣，皆有選舉幹部，負責「町」的公務，以及由町民集會決定事務的傳統。如維持「町」內團結的「五人組」制度，仍沿用在現代化社會的商店街。

都市範圍擴大之後，被編爲「町」單位之原來村落，也仍留有村落遺制。「町」組織了「町會」（町內會）以求町內的和睦，「町會」以戶爲單位而不是以個人爲單位，地區內的各家庭，均須自動或強迫參與，具有多面性功能。又在形式上爲行政最下層單位，在性格上這幾點頗與「農村部落」相同。

另外「町內」的祭典，也與村的祭典有相同之處。「町」民雖然大部份爲自營工商業者，沒有農村之固定性而社會性之移動較大。但基於上述種種共同點，與其說爲都市，不如說爲「村落」較爲恰當。照社會學家杜尼士（Tonnies　Ferdinand）把社會分爲「共同社會」（Gemeinschaft）和利益社會（Geseltschaft）的說法，中世紀的都市並非「利益社會」而是家族與村落成爲一體的共同社會。換句話說，共同社會爲中世紀社會的典型，但在日本，一直到近代，都市仍具有這種性格❺。這種情形，尤其在都市中的舊商業區，或由舊商店街所發

---

❺　杜尼士（Tonnies）在「共同社會與利益社會」（*Gemeinschaft and Gesellschaft*）一書中指出，鄉村或共同社會和都市或利益社會的主要差別。他說共同社會（Gemeinschaft）由具有共同價值體系的純眞人口所組成，共同社會裏的生活是親密的。其顯著特徵是，縱然個人與家庭的經濟能力自給自足，但彼此仍相當了解與合作。共同社會所關心的事情爲保守團體和團體的價值，而非保存個人與個人的利益。利益社會（Gesellschaft）是雜質人口所組成，其分工非常細密，個人之間的連繫是契約的。而非出自同情。換言之，他們的合作基礎在於私人利益。雖然他們也相互依賴，但是各個人各家庭之間彼此敵對。因爲他們的行動和思想，均以自私自利爲出發點。

展的都市特別顯著。但在新興的工業都市也是一樣。後者雖然具有純工業都市的性格，但因大部份員工都一起住在公司所提供的宿舍中，無論在公司或宿舍，所接觸的都是同事或其家族，因此實際上都生活在具有「村」性格的社會中。又隨著工商業之發展，在原有村落形成商店街，或有陌生人搬來住進街上，使村落漸漸變成都市時，原住民也均能包容流入人口，妥當的運用「町會」等組織發揮村落的功能。有人說：「大東京也是一個大村落。」雖有一點誇張，但在這句話裏，已把日本社會的性格，表達無遺。

五　日本人的社會性性格

如上節所述，近代的日本人，可以說在「家」與「村」的組織中，受到人格的薰陶。

家族中的子女，自小就被分為繼承家業的長子，與離開本家至他家謀生的次子或三子，以及出嫁至他家的女兒，分別施以各人分內的涵養教育。他們對家庭的觀念，雖因各階層的不同，在內容上稍有差別，但「一切為家庭」的精神與做法，一直成為支配家族生活的正統觀念。家族中的每一個人，總被指導為如何因應家族內各種不同身分的禮節，若有踰越行為，影響家族之和諧或傳統的榮譽，不論其如何正當或如何符合人性，仍受到長輩的壓制。對家長再有正當的理由也必須服從不可違背。這是家族道德的根源，是日本社會一致公認的「孝行」。家長為中心的家族和諧，即在這種絕對服從觀念與行為中保持下來。

再說，在村里中受「情義」拘束慣了的父母，總期望自己的子女

不違背傳統習慣，將來在社會中出人頭地。因此不注重基於是非善惡的自主行為，而以「會被譏笑」，「會受羞辱」等觀念指導子女「不可以這樣」，「不可以那樣」等做為涵養的基礎。換言之，依自己的判斷而行動而貫徹自己的主張等，有助自我成長之觀念與行為，自小就不被允許而受到阻止。

不但如此，家在「村」或「鄉」的共同體中，均已有其「家格階層」的定位。所以孩子們的言談舉止，不但要適合家族中的身分地位，也要適合社會上的家格地位。

由於社會上對於身分階層序列觀念深厚，父母雖也期望子女，將來能從下階層晉昇至高階層以提高家格。但階層觀念與階層制度根深蒂固，對大部分子女來說，出人頭地、階層上昇的希望，實在微乎其微。然而由於希求階層上昇所引起的努力與奮鬥精神，卻導致階層的遷移而成為日本經濟成長的動因。但一般來說，大部份人都安於自己的命運，盡自己應盡的本分，認為與別人「和諧相處」就够了。

一方面子女在重視修身教育的學校中，更被強化這種安分守己的性格而漸漸成長為社會人。他們在農業及經營小工商業的家族中，只准順從身分階層的秩序，因應各人的身分地位，並且要尊重家族及村落共同體的和諧，極力壓抑自己的想法而行動。又在與地域社會較無關連的企業中工作時，也只好把職別的地位差，當做人格的身分差，默默工作。假使以對等的人格意識活動則不但不能在該團體中安定工作，更不能奢望工作地位的升等。不管是好的，正確的，只要破壞團體的和諧與身分序列，必受長官或同事的責備。

由此可見，在這種環境下成長的日本人，在生活態度上有「慣習優位」和「服從權威」兩個特徵。他們以慣習或權威控制生活行為，遠比憑着良心的內律或合理的判斷為多。也就是說在生活態度上缺少

自主性及主體性。換句話說，重視「和」的精神者，在行動上大概都有「順應主義」的特質。對日本人來說，踏着祖先或前輩走過的路，照傳統的習慣而行動，是最安全可靠的行爲方式。縱然理性或良心驅使他去做另一套行動方式，而其行動與大眾不一致或可能招致孤立時，他們絕不會勉強去做。不但如此，也從未養成批判慣習行爲之精神。因此批判慣習，違反慣習的舉動很少。這種順應大眾，抹殺自我的習性被強化之後，通常會增加對孤立的畏懼，更會把這種畏懼擴大至對事態變化之規避，成爲「怕事主義」的行動原理根深蒂固的保守性格。俗語說：「不觸鬼神則不會受災」、「敬鬼神而遠之」，正是日本人這種迴避事態變化之寫照。

在這種講究身分階層的秩序下，安分守己的行爲，實具有抹殺自己的意願而聽從長者，順從權威的消極性。人在社會上本來就因身分之高低而被定位，但對上司或長輩的自卑心理，也會因對下輩及下級的優越感而獲得補償。「切勿看上而看下」，在日本社會中流傳的這句話，可以說象徵着對上級卑屈，與對下級傲慢的雙重心態。在這種社會形態下，不但未產生「尊重人權」的意識，甚至對自己應有的權利被侵奪也不敢太大的憤怒，只是自己沒有受到分內待遇時，所激發的恥辱感而已。因此人人受了「身分階層意識」與「權威主義」觀念的影響而產生「忍耐服從」與「出人頭地」的人生觀。同時在身分階層秩序支配的社會中，權威支配部屬卻是他們的生活信條，所以一旦沒有從上頭來的命令時，自己反而無法適從。換句話說，在權威無法支配或鞭長莫及不能發揮功能時，人人擅用權術以敷衍應付。這種「要領主義」的生活心態，在舊制軍隊中最爲顯著，也是民間社會的一般性特質。

因此有人說，日本人把行動標準放在周遭外界，而未放在自己內

面，是一種外面道德。也就是說，驅動日本人的是周遭的人如何看他，如何想他，而不是自己要這樣，要那樣。即以社會的體面與情義爲第一要義。所以在封鎖性共同體的所謂「和」的氣氛中，依賴傳統的醇風美俗，認識自己的身分，服從權威就是最好的處世之道，而爲了改正錯誤批評大眾，對長上提出意見則常被指爲破壞社會秩序的敵人，招受社會的反感。換言之，不顧一切想改革社會秩序的積極性，與外面道德的傳統社會不能相容。所謂有修養的人物，正是抑制這種積極性，認識自己的身分及情境而行動的人，這種社會秩序，可以說由於天皇制國家，透過公設教育所建立的。

久而久之，這種生活的心理一旦黏固而被論理化時，變成現實諦觀的處世哲學。日本人的生活，可以說是「非論理性」的。即缺乏改革社會生活的理想主義而成爲現實主義。他們認爲社會上不如意者十之八九，人生受命運的安排而缺乏自主性的行爲。又常因被旣成事實所屈服，以周圍環境所逼迫爲理由，做爲廻避責任的藉口。日本人常在辯解時說：「我不是有意的」，正表示他們生活行動裏面的潛在心理，也成爲「不負責任」的論理。把行動基準放在外表的人或不知抵抗上司的人，不會產生責任論理。因此將責任推給上司或歸予環境所逼的「不負責任」論理，不但在庶民間，連最高指導階層也都有這種心態。如二次大戰投降後，許多日本人主張：「不是天皇的責任，而是天皇身邊的人員及軍部首腦的責任」。但軍部首腦則一致辯解稱：「我的職位令我不得不那樣做」。從最高的指導階層至低階層的指導人員，都以這種廻避責任的論理，對世界表示戰爭的責任不在天皇，也不在他們，而是當時四周的環境所逼。日本的所有指導階層，均各在其所屬的大小團體中，以小天皇的姿態，藉其職權的名義爲所欲爲，但對自己的行爲卻缺乏自主性責任感。同時被支配的民眾，表面

上雖是同步調隨從，但對支配階層也缺少自主性的支持。這種心態使日本資本主義的矛盾性自動的擴大，一瀉千里，使日本全國陷入侵略戰爭的泥沼，並也甘心承受大日本帝國崩潰的悲劇。

這種生活哲學本身，本來沒有一貫的思想體系。但家族主義爲這種思想的支柱。因爲它強調海濶山高無限的親恩，以孝順及絕對服從的論理爲行動的起點。換言之，抑制個人的自我，服從家長命令而行動，爲家庭而進退，並在可能範圍內努力上進以求出人頭地，報答親恩，光門耀祖，正是日本的人倫起點。

若把這種思想擴大至國家，則變成完全遵照天皇的意見，做一個恭順聽命，無條件效忠天皇的忠臣良民，實現至誠報國的忠義倫理。於是「孝」與「忠」的倫理連結在一條線上，變成移孝作忠、忠孝合一的倫理。這種倫理觀念，雖然不一定能在社會中具體顯現，但確實給予現實生活中很大的影響。換言之，儒教的家族制度觀念，雖與一般情況有點距離，但在強固家族的現實生活與教化愛鄉愛國的忠臣赤子之感情上，確有了效能，也昇化了日本人的劣等意識。

六　家族主義的社會結構

人類的經濟自立條件，隨着生產力的增長而漸趨具備時，人類便可依賴自己的能力，自由的自主獨立。這樣的社會關係爲相互承認平等的人格之對等關係。縱使在支配與從屬之間，也僅限於部份的關係而不能成爲全人格的從屬關係。這就是近代社會的人類關係。

然而日本一直到現代化之後，仍未達到這種社會關係。對塑造成家族主義的日本人來說，家族以外的社會，猶如狂瀾大海，憂戚浮世。在這種社會中爲了確保安全，只好把家族主義的結合，搬到家族

以外的社會。最顯著的例子是，家族主義的核心之「親子關係」或「主從關係」，已普遍滲透在日本社會之中。換言之，日本人憑義父子（親分、子分）的模擬家族關係，在狂瀾大海的社會中生活。這是家族身分與主從身分合爲一體的封建家族主義。但日本一直到現代，仍留有這種社會關係。二次大戰日本投降後，社會學者曾風行過論「日本社會的家族結構」，後來又流行所謂「縱式社會的人類關係」等語，實爲最有力的證明，可以說這是日本社會的一大特質。

這樣的社會關係，首先成爲農村的社會典型。在農業上極其重要的地主與佃農關係中，留有大小佃農關係（親作、小作）。同時因地緣關係而頻繁接觸的累積，更強化了血緣及模擬家族的依存關係，使整個村落具有「擴大家族」的性格。雖然近來隨着資本主義經濟之滲透，已稍有改變，但社會關係中的家族主義性格，並未完全消失。

在小工商業者之間，這種家族主義的社會關係也非常明顯。如在商店的雇用關係中，一直遺留着小徒弟（丁稚），管家（手代），掌櫃（番頭）等現代化以前的關係。在小工廠中也一直保持着師傅（親方），職工，徒弟等性格，都是表示以工廠主人爲家長之「以廠爲家」的特色。這些零星企業的小工廠，因保持了這種家族主義的結合，所以現代化大企業的大工廠陸續成立之後仍能生存。前已說過，由小工商業者所構成的都市性社會，仍帶有村落社會的特質，至於零售商社會的社會關係，可以說也富有家族主義的色彩。

反之，現代化大工廠中的人際關係，乍看之下似不同於家族主義性質。但經營大工廠的財閥本身，不論其大小均帶有家族主義性質的同族性結構❻。因此工廠內部的社會關係，實與小工廠的家族主義並

---

❻　福島正夫著「日本資本主義之『家』制度」，一九六七年，東京大學出版會。

無絕對性的差異。又大工廠中的工人，起初流動性很大，但後來各企業致力於培養中堅幹部，對從小訓練的工人，採用年功序列制度，以建立家族主義的人際關係。同時設置獎金，加強各種福利措施等，樹立工廠一家的觀念之後，一切就改觀了。尤其在戰時體制下所提倡的「生產報國」運動，更結合了家族主義，使勞資一體的觀念，深深地在企業界生了根。

又在官僚社會與政治家的結合中，連聲稱最現代化的文化性結社，都具備了這種家族主義的人際關係。與老闆的關係如何，是決定獲得職位或升遷的重要條件，同時擁有愈多的部屬（徒弟），愈顯出老闆的權威。這種關係常藉同鄉、同學、或姻戚關係、媒妁關係等而結合，實具有派閥的陰性性格。

另外在江湖上所謂暴力集團方面，互稱頭目（親分）與部屬（子分），或稱兄道弟的義理兄弟關係等，都是家族主義的身分階層組織的特徵。不必贅言，頭目（親分）及老大（兄貴）之絕對支配與庇護部下，以及部屬（子分）與子弟之隸屬與忠誠精神，實為支持組織的主要因素。從這些組織中，我們不難發現，在日本各種社會中，封建的家族主義特質非常強烈[7]。無論如何，我們可以肯定這種社會關係，已深入日本社會各階層。本來屬於第一次集團，做為共同體結構原理的家族主義，已超過了地域關係而發展至各種團體，連第二次集團及各機能集團也都成為家族主義的結構。

首先以共同體的地域社會為基礎，形成各種集團時，它必包括了地域內全部成員。換言之，將地域社會的家族主義結構，完全輸入於機能集團之中，改變了機能集團的性格。因為機能集團本為支持該團

---

[7]　岩井弘融著「病理集團の構造」，一九六三年，誠信書房。

體，實現該團體的目的之成員所組織，但如上所述則連不關心該集團的人也都全部包括在內了。再說這種集團的指導階層，原來應由能達成集團目的的專門人才擔任，但既已受地域社會家族主義之浸透而改由家長型指導者支配，影響所及，使集團難以推行積極性活動，其營運、效能等均不能靈活提高。甚至有時反而變成阻礙。然而並不是說，由適合達成集團目的的專門人才擔任指導者，就可以避免這些缺點而能提高效率。因為下面的所屬成員，在家族主義的觀念下，時常會對其合理的領導予以反抗。

反之機能集團超越地域社會而成立時，共同體性的支配者，自然成為集團指導者，不會將共同體內部的人際關係，帶進機能集團之中，容易擺脫家族主義的枷鎖。可是雖在這種情境中，日本人的家族主義性格仍然一直深植在這些集團之中。

以機能集團形態之企業組織來說，無論大小企業，所有員工均把公司的發展當做家產發展的延伸，把公司當做一生所倚靠的第二個家。這種家庭化的大企業，把職員、技術員稱做社員（公司稱會社，社員含有會社組織之一員之意），把生產線上之勞動者稱為工員。工員中分為班長與一般工員，按照身分的高低、年資的深淺予以序列，把家族主義的人際關係，移植到公司之中，成為家族的延伸。換言之，工廠（公司）的倫理為以廠長（或經理）為父親，員工即子弟，大家一體認真工作。企業中的領導階層，除了指導工作之外，還要照顧到員工的私生活，而員工則不但在組織中努力工作，在公司外仍要關心公司的發展，為上司盡力。日本企業經營，均具有家族主義的集團特質。

如上所述，家族主義為各種社會集團結構的特質，於是在實際運用上，集團負責人猶如一家之主，容易將集團當做私人所有，把集團

與個人連結起來，變成公私不分的現象。日本在傳統上認爲「公」乃源自「大宅」即「天皇」家，而隨侍主人的我爲「私」。然而這個隨侍主人的「私」，對服從自己的人來說又是「公」❽。由此可知日本的「公」爲「親」，以及員工視之如父的老闆（親方）。在理論上雖然強調公私之分，但在現實中實無法明確劃分公私，公私關係極爲混淆。小企業之企業與主人一體固不必再說，在大企業中「社用」與「私用」的區別也不明顯。公私之混淆似乎透過各人的身分職位及利得所在，愈加黏固，反而在企業中加強了家族主義的結合。

果如上述，日本各種社團的結構均以家族主義爲特質，成員在家長型權威主義的統制下，無公私之分，爲組織而盡職犧牲，那麼各組織之間又是如何呢？

第一：隨着現代化社會之進展，社會集團也因應機能之需要而分化。大部份成員均重重疊疊分別隸屬於各種社團，於是導致對各社團忠誠之矛盾，引起性格分裂之煩惱。爲了避免這種矛盾，不得不選擇一個可以依靠的集團，熱烈的結合在該團體的家族主義特質之下。對其他有關係的機能集團則維持最小限度的關係。例如對公司忠誠不渝的員工組織休閒活動社團時，不選擇公司外的同好之士，而盡量選擇公司內同事爲對象。日本人的集團歸屬形態，可以說已集中在重點集團。

第二：現代社會的各集團，一方面因應社會之進化而分化，同時集團內部本身也隨着機能之分化而分化，自然地形成講究功能的官僚組織。然而充滿家族主義觀念的成員支配這種組織，或家族主義的人際關係充塞在組織中時，分工必導致割據主義，各在專門領域中爭劃

❽ 有賀喜左衞門著作集Ⅳ「公私の觀念と日本社會の構造」，一九六七年，未來社。

範圍，反而容易產生集團的負機能。然而只要有由上而下的統轄機能，也就是說，在全體集團與部份集團的領導者之間，保持家族主義的結合時，不但可以阻止負機能之產生，還可以將自劃範圍的自私行為，轉化為部份集團之間的相互競爭，促進全體集團的機能。如果集團中缺少上位集團與下位集團的關係則派系主義（Sectionarism），及集團利己主義必大為橫行。成員對自己所屬的集團，因有上級之制約，必對集團盡職而表忠誠，但對其所屬以外的集團（Out Group）則不必有如所屬集團（In Group），那樣忠誠盡職的行動。甚至基於集團的利己主義立場，寧願在「外集團中做出所屬集團所不允許的行為，間接增加所屬集團的利益，也是對所屬集團忠誠的間接表現。為了自己的組織而陷害對立的派閥等作法被視為正當。可見對所屬集團與「外集團」的道德基準有所不同，實為對內道德（Binnen moral）與對外道德（Aussen moral）的分裂。

由此可知，日本人對自己生活所寄托的公司機構，及地域社會，則一心一意服從由上而下的家族主義道德，但對其他的社會則沒有彼此尊重的道德。因此在身邊的村落，城鎮，公司及機關，均受恩惠及義理之拘束，怕失去面子，時時注意生活在道德圈內的日本人，一旦離去那些地方則忘記一切羞恥，突感獲得解放。日本人的這種雙重道德行為實令人啼笑皆非。

七　近代日本的階層結構

前面所述，家族主義的各種團體，雖然存在於團體的利己主義之中，但近代以來，這種性格已被資本主義社會的綱目所結合，更溶在中央集權政府形態的有機組織中。

日本的社會，再也不是現代化以前，孤立分散的小宇宙，單純環結的總和，而各團體均被天皇制國家強固地結合。結果並不是現代化市民的民主，而是家族主義由上而下支配的集中，缺少橫的關聯。換言之，日本社會的全體結構並不是民主形態。試從階層的結構，探討其民主主義未成熟的原因。

不用贅言，階層結構隨時代而變化，因篇幅有限，此處無法隨着各時代的變遷而詳述，暫自一九二〇年至一九三〇年間，日本資本主義社會成熟期的情形，提出若干事實做為參考。

第四表為這個時期的階級結構之大略情形。從表中可知，支配階級約占二·五％，中階層約占三〇％，被支配階層約為六八％。但事實上包括在支配階級中的地主與資本家，仍有一部份列入中間階層較為恰當，而中階層中的一些農漁民也以屬於被支配階層較為適當。無論如何，在這個時期被支配階層占整個社會的大部份。

茲暫且以資本家階級（含與資本家有連帶關係的大地主，政治家及高級官僚）為上層支配階級的主體，將中階層分為舊中階層與新中階層兩類；小工廠主與商店主等中小企業者及中小地主屬於前者，而公教人員及大企業的職員屬於後者。中階層之外的農民（佃農），零星工人及勞工等均為下層的被支配階層。以下分別就這三個階層的情形加以說明。

（一）支配階層：資本家為構成支配階層之主體，其大部份與經營商業高利貸的商人有關。根據萬成博教授「一八八〇年代產業界領導階層之調查」（如表五），平民出身者約占百分之八〇，其中富商竟超過了半數。農民出身者，也約占百分之二〇，但這些農民均為鄉士及富農。這些人都是以超越時代的眼光及旺盛的企業活動，獲得了領導的地位，但仍未脫離舊社會的精神。但在政界方面，則支配階層的九成

表四 近代日本的階級構成（％）

	1909	1920	1930
1.支配階級	2.3	2.5	2.5
皇族、貴族、勅奏任官	0.2	0.2	0.2
地主（五公頃以上）	0.9	0.8	0.6
資本家（資本金10萬圓以上五人以上使用）	1.1	1.4	1.5
恩給生活者（勅奏任官以上）	0.1	0.1	0.2
2.中間層	36.3	30.4	29.0
判任官	0.5	0.7	0.6
農民（五公頃以下，自耕農）	22.7	17.3	15.6
漁民（繳納營業稅者）	2.5	2.4	2.4
自營工商業（繳納營業稅者）	6.8	5.9	6.5
獨立技能者（醫師、教師、技師、僧侶、神官、自由業）	3.5	3.7	3.4
恩給生活者（舊制判任官）	0.3	0.4	0.5
3.被支配階級	61.4	67.1	68.5
貧農（佃農、自耕兼佃農）	39.5	34.9	29.4
自營業（免繳營業稅者）	7.7	8.4	3.4
勞工	13.4	21.4	32.7
下級公務員（雇員以下）	0.8	2.4	3.0

資料來源: 大橋隆憲編著「日本的階級構成」，1971年，岩波書店，頁26-27，因原資料的農漁民及自營業者以戶數為單位，不便比較，故本表中的自耕農以2.5人，其他均以 2 人計算比率。

以上均屬貴族的公卿及武士所占，其中下級武士約占四成的比率。這批政界領導階層的成員，雖然具有反對封建社會的意欲及革新政治的抱負，但為了保護其既得利益，未能斷然擺脫封建社會的遺風。於是產業界的領導階層，在緊密的合作下，取得各種商業上的方便，經營政府生意，使財富更為增加。至一九二〇年代，領導階層的結構有顯

著的變化。從第五表中可知，在產業界方面：士族已占了三七％，比一八八〇年時增加了一四％。在政界方面則比一八八〇年時約減少三三％而僅占四六％。另外值得注意的是，一八八〇年時，在政界僅占六％的富農出身之領導者，於一九二〇年時已增至三八％。換言之，士族在產業界約有四成，在政界約有五層的領導者，雖然約有三成的富農出身的政界領導者，但畢竟是以地主為主體的上層農民。無論在產業界或政治界，占大部份人口的中下層農民及小商人，均很難進入領導階層。

表五　支配階層的舊封建身分（％）

父　親　的　封　建　身　分	產　業　界		政　　　界	
	1880	1920	1880	1920
公卿、大臣	0	0	12	4
武　　士	23	37	79	46
上級武士	1	8	7	3
中級武士	10	2	23	11
下級武士	8	8	38	18
農　　民	22	21	6	38
鄉　　士	3	2	4	7
村幹部族長	14	17	1	26
商　　人	55	42	3	12

資料來源：萬成博：「じジネス・エリート」53,84頁

　　其次，值得一提的是這些領導階層，大部份被高學歷者所占有；以一九二〇年為例，大學畢業生僅占全國受教育人口之〇‧三％，專

科學校畢業生僅占一‧八％。但政界領導階層之大專畢業者高達百分之八〇以上，產業界則有百分之六〇以上爲大專畢業生。從這個角度來看，高等教育可以說是進入政經界支配階層的一個重要條件。但當時教育不普遍，公設教育尚在萌芽階段，接受基礎教育之百姓，本來已少之又少，高等教育更是舊社會上層子弟的天下，若不是上層子弟實與高等教育無緣。同時在政治界與資本家交結之下，日本的企業家對外標榜「爲國家賺取利益」，政治家則以企業界爲先鋒，宣揚其經濟繁榮等政治上的成就，於是造成今日政治界與資本家們交換利權與政治資金的傳統。這些高級官僚因具有高學歷，大部份出自上階層，又因財政界之結合而隨時可進入財經界，因此近代之後，官民的一體性仍一直保持在上層支配階級。他們爲了強化其支配權，往往利用至高無上的天皇做他們的後盾。

（二）**中階層**：前已略述，日本社會的中階層可分爲小工廠主、商行主、中小企業及中小地主的舊中階層與公敎人員及大企業公司的職員之新中階層。日本的資本主義，一面使代表中階層的舊中階層廣泛的留存，一面又以它爲腳踏石繼續發展。中小企業依存於大企業下面，與大企業維持承包關係而生存。所有的商店主人，都以家族主義的恩情彌補員工低廉的工資，辛苦經營維持家業。大商行的主人則對長年服務後獨立創業的員工，予以經濟支援，換取他們獻身性的服務，確保低廉的待遇。

在農村方面則以高比率的佃租保障中小地主的生活。據統計擁有五公頃以上放租的地主約有十萬戶，若加上一公頃到五公頃的小地主則約有三八萬戶。自耕農兼地主者有十六萬戶。同時大地主爲了方便管理與收租起見，在放租地區分別指定經紀人，形同地主。於是地主的勢力深入農村，使農村中的中階層勢力永遠鞏固不變。當時日本的

農村約有十三萬五千個村莊，以上面的地主數目衡量，可以說在大部份的村莊，均有中間層地主的存在。

至於佃農則毫無保障，可因地主的好惡，隨時被終止租約關係。又當時科學尚未發達，完全靠天吃飯，災荒連年，於是佃農時常向地主苦苦哀求減免地租，立場至爲脆弱。地主在這種優勢中，以父親的姿態居高臨下，成爲小支配階級。對佃農的家庭，或予以關照或予以支援。換言之，也是以家族主義維持日本農村的生活形態。由此可知，在農業人口占絕大多數的社會結構中，地主實爲日本社會的一大支柱。

這些舊中階層，雖與支配階層尚無一致的利害關係，但他們卻同爲擁有生產手段者，他們也同隨着資本主義經濟的發展，受到日漸沒落的威脅。所以爲了確保自己的既得利益，犧牲對支配階層的反抗，與支配階層結合起來，保障自己，保守既存的社會秩序，而成爲保守主義的一股力量。於是他們在村落或在工廠，扮演小主人，以家族主義的關係，連結下階層的勞工並支配他們。

從這一點來說，舊中階層實爲整個大社會與各小地域社會或小工廠的連結點。對上必受支配階層的支配，在自己的團體及小社會中，卻要支配下階層的人。若以軍隊的組織比喻這種關係，則支配階層猶如軍官而中階層則爲士官，下階層爲兵卒。但支配的方式不是軍隊式的命令，而是家族主義的恩情。

至於新中階層的公敎人員及大企業職員，在社會上並無舊中階層般的勢力。其原因有四：

第一：新中階層的人數遠比舊中階層少。

第二：新中階層不如舊中階層，有那麼多的直接掌握的下層羣眾。

　　第三：新中階層大部份自舊中階層而出。他們在成長的過程中，受陶冶而具備了舊中階層的性格。

　　第四：新中階層在工作上受官僚機構及企業機關的陶冶，往往居於支配階層與舊中階層的媒介地位。

　　換言之，我們可以說新中階層是連結地域社會中頗具勢力的舊中階層與國家權力（這是官員、教員等的任務），並將大企業與承包關係之中小企業連結（這是企業公司職員的任務）的一股力量而已。在整個社會中尚無顯著的勢力。

　　（三）**被支配層**：直接受舊中階層支配的下層民眾，可說都是小農民。他們雖然受支配，生活貧苦，對上階層有反抗心理，但至少親自參與生產，多少具有生產手段。所以他們在革新與保守的兩種意識中，為了保障生活，常以保守意識壓制革新意識。

　　至一九二〇年代，雖然漸見革新主義之抬頭，也發生了幾次「佃農紛爭」，反抗地主運動爭取佃農權益。但不久因政府採取戰時體制而被壓制。因此大小企業的員工與小商人，纔沒有被無產階級思想所污染，繼續保持了保守的局面。這些形成國民大眾的下階層被支配者，在社會上均依小地域社會或所屬的團體，孤立分散，並無相互的關連組織。換句話說，在他們所屬的集團中，奉承支配他們的舊中階層為小主人有如義父，忠心耿耿，不敢懈怠。若照上節以軍隊的比喻，中階層為士官，下階層為兵卒，實為最恰當不過。

　　他們以儒教中的「君臣有義」、「父子有親」的中心思想，做為日常生活的座右銘，雖受中階層的支配而仍能安於「親情」之中。雖受上階層的支配而感到「同為天皇赤子」的慰藉。這種意識可以說是支持日本社會的中心力量。

八　整個結構的架構

　　如前面所述，日本的社會由支配階層、中階層及被支配的下階層等三個階層所構成。被支配的下階層人數最多，在各地域社會及企業團體中，與中階層的領導者結合而形成社會金字塔的底邊，任憑位於頂點的支配階層指使而活動。

　　支配階層的意志，透過中階層為媒介而到達下階層。中階層則由知識份子所構成，他們從書報上獲得各種社會新聞與國家動向，並把它們傳給每日為生活忙碌，不能看報（不識字）的下層民眾。雖然有時也會多少被歪曲，但無論如何已收到了上意下達的作用，統一了全國國民的方向。居於下層的被支配民眾則埋首於各種社會集團之中，重視上級的關係，受著由上而下的支配。他們在缺乏其他相同立場的社會集團之合作下，　縱有一些意見也無法構成團體的意見使下情上達。

　　下層民眾平日為生存而勞動已感精疲力盡，實在無暇兼顧社會全體的動向，更無暇去關心社會問題，為它提供意見，只是服從其直接支配者的中階層，忠心耿耿，百般服從。他們反而認為對社會提出意見為不應該的行為。　他們更未曾意識過，　與上層支配階層的利害對立。　若偶而有了這種觀念，　卽會被排除於所屬的地域社會或工作崗位。因此對被支配階層的民眾來說，社會的動向似乎是自然的變遷。他們所受的人為的、無理的壓迫，低微的工資，均等於天然的災禍。只能順其自然聽天由命。換言之，他們無緣討論社會的動向、政治的好壞而只隨着傳統。在無法關心政治的狀態下，做一個被治者，完全服從上階層的支配。

　　日本的現代化，就這樣在支配階層任意的意欲下，朝向富國強兵的目標進行。企業界的領導階級透過政治界人士與官吏互為利用，對下階層被支配民眾，強行滅私奉公的手段，一方面利用「國家利益」之美名，追求私人企業之利益，推進了工業化。同時在「農為國本」的觀念下，視農民的犧牲為當然，並對從農村流出的勞工，給予幾近非人道的低額待遇，以降低成本，增加利益（如表六）。

　　於是日本不但邁向富國強兵之途，更使日本走上「大日本帝國」企圖以軍力擠進世界強國之林。然而貪奢無厭，支配階層雖受歐美先進國家的壓力，仍繼續以強大的軍事力為背景，擴大原有的支配意欲，不但要支配下階層的小老百姓，還要擴張帝國主義的政策，想支配未開發國家。這種意識與立場，與社會中的中階層極為相似，而獲得中階層幹部的支持。下階層的被支配民眾也因「神國國民」之自負與補償被壓迫之心理，對於這種政策予以熱烈支持。於是日本帝國主義，漸趨膨脹，熱衷於中國大陸之侵略，國家版圖之擴大。

表六　工資的國際比較——1914年（圓）

	紡 織 工	採 煤 工
日　　本	0.46	0.95
英　　國	1.36	3.21
美　　國	2.50	—
德　　國	1.50	2.96
法　　國	—	2.50

資料來源：「日本資本主義的農業問題」改訂版，1952年，東京大學出版會。

　　在這種過程中，我們不能否認，教育扮演了重要的角色。日本的

教育，不僅沒有培育國民批判社會環境的眼力，反而在明治時代後期，帝國主義膨脹時期，唯恐國民批判政府而想盡辦法，關閉這一條路。

普及的義務教育，雖然使國民成爲識字的人口，但只是限於「讀、寫、算」的生活知識，而不是培養社會批判的民主意識。若說有一點精神教育，也僅限於注重「個己」的修養，強調如何服從上級，如何犧牲個己重視家門利益、國家利益的一面。對社會批判之民主意識之培養則反而置之不顧。有人比喻這種教育說：屬於全體國民的義務教育猶如「兵卒」的教育，只講絕對服從，埋頭苦幹，奮鬥犧牲。屬於中階層的中等教育（含中學、職業學校），猶如「士官」的教育，大學則屬於支配階層所占有，各級教育成爲培養各類身分階層之教育，各級學校成爲各階層人才的補給機關。因此在天皇制國家的不斷壓力下，連大學教育也未能重視對政治及社會之批判。

當然這樣的社會結構，在近代歷史上並不是始終一貫的。明治維新至昭和初年的七〇年間，日本社會也曾隨着工業化的發展而產生了變化。中日甲午戰爭以前，資本主義尚未確立的日本社會，固然與經過甲午之戰、日俄戰爭之後，確立資本主義的日本社會，有迥然不同之處，更與經過第一次世界大戰，形成獨占資本的日本社會有莫大的差異。

資本主義經濟之發展，不允許人民永遠停滯在封建時代。經濟的基本結構的變化，也冲淡了村落及鄉鎮等共同體的性格，改變了過去的社會結構。一九二〇年代，自由民主運動受阻之後，天皇制教育雖然仍以培養「忠君愛國」的臣民與「孝順」的子女爲目的，但似乎有了限界。同時人民也已覺悟到貨幣經濟的合理性，而使政府不再繼續抑制個人主義的萌芽。在這樣的變革中，政府雖然想維持村落及鄉鎮

共同體中固有的「鄰里相助」、「滅私奉公」的美德，但似乎已非常勉強。現代化企業，也想把勞資關係維持在「義父型的老闆與義子型的徒弟」的家族主義關係，但事實上已產生了變化。

　　於是第二次世界大戰以前，雖然為數不多，但已組織了勞工工會，也發生了罷工運動及農民運動。這些事實不外證明，家族主義的社會關係與共同體間的各種拘束，已開始鬆弛，舊中階層與下階層之間的結合漸趨弱化。然而這種情形只是一種趨勢，尚未普遍至日本全國，同時在社會上也未有對抗家族主義的有關階級性團體，所以許多事實均在政治權力之前屈服崩潰。如一九一〇年代，民主風吹襲了日本國土，但因缺乏各下階層集團之連繫機構，未能建立支持這種運動的精神基礎，只是曇花一現，即被上面的權力壓制而潰散。因此家族主義共同體的社會特質，雖然在鬆弛軟化，但仍廣泛地留在日本社會之中。

　　因此一九二〇年代，世界不景氣後，資本主義的矛盾使世界各國，注視各民族間的富庶與貧困問題而強化了戰時體制。在日本因三軍統率權超越一般國家行政而獨立，由天皇掌握，這種趨向更為明顯。於是由軍部主導的權力，乘機將近代日本推進戰爭的漩渦。俟戰爭一發生，而且陷入長期化之後，這個天皇制國家就由上而下，強迫利用大眾傳播媒體，鼓吹國體之精華，強烈實施國民總動員的精神運動。支配階級把鄰里會、部落會、町會組織起來，把它編入組織的末梢，以提高舊中階層權力的方式，利用各鄰里的小動員組織「鄰居小組」（鄰組），進行各種統制。這種戰時體制，雖然也產生了相當的成果，但原則與事實不盡相符，仍有不少不滿情緒。人民在發狂似的權力統制下，表面表示順服，但在背後則為了維持生活，潛行各種利己的不規行為。如一面服從上級配給下來的糧食，一面從事黑市交易。又如

接到征集令時，外表顯示無上的光榮，內心卻非常難過，甚至暗中抱頭大哭等均爲明顯的事例。

　　然而這種日本社會的弱點，至第二次世界大戰投降前，一直未暴露出來。日本在戰爭末期，雖然四面受敵，敗象明顯，但社會秩序仍然有條不紊，沒有發生什麼反戰運動，只是投降前夕有一些希望早日結束戰爭的動向而已。因此可以說，日本將現代化前的「非民主結構」，巧妙地適應在現代化的機械文明社會，暫時已獲得相當效果。換言之，在經濟上已達到資本獨占階段的日本社會，仍能把現代化前的封鎖性地域社會的特色，留在現代化社會之中，而且仍以它做現代化社會的骨幹。甚至透過對天皇制國家的忠誠之敎化，挽救了整個社會結構的動搖，這正是日本社會的特質，也是「大日本帝國」的本質。

第二章　戰後社會之變動

一　民主化與它的極限

　　誇耀世界的大日本帝國，於一九四五年八月十五日，向世界盟國宣佈無條件投降而崩潰。明治維新以來，七〇年間所做的各種現代化，不得不從戰爭的廢墟中，以日本國（非日本帝國）的姿態重新開始。

　　當全國的都市被轟炸，明顯暴露日本的敗蹟，再經原子彈的洗禮，不得不宣佈接受「波茨坦宣言」而決定投降時，國民只有呆然若失的虛脫感，與剛從死亡的恐怖解脫的倖存感。同時全國人民瀕臨於飢餓邊緣，雖然社會上有民主人權之呼聲，但所有的人均無動於衷，而以「尋食物求生存」為第一要務，根本就無法旁顧。然而在美國占領軍的統治下，不管國民是否贊成，次第公佈各種民主的制度，麥克阿瑟民主的指令，也就自然地成為戰後日本的動力。

　　這種從天而降的民主主義權威，當然不是日本自發的變革，而是美國占領軍強迫的推銷。對過去的「帝國日本」而言，是一種新的價值體系，也是一種新的嘗試。換言之,對帝國主義的日本,強迫推行美

國式民主的實驗，正適時展開。於是日本人不得不奉民主主義爲至上的命令，把過去絕對性的天皇制，改爲象徵性的天皇制，修改憲法，把過去認爲不可侵犯的所謂「帝國國體」的精華，予以根本改革。同時各種法規也跟着修訂；如新的民法，已根據現代化夫婦家族制的原理，否定了過去誇耀一時的封建主義家族制度。於是傳統的「家」及男人至上的觀念，均被廢止。男女平等的制度，在政治上最爲突出，從來沒有享受過選舉權的女性，因選舉權的擴大而獲得保障，在投降後第二年的總選舉中，不但有了投票權，也產生了女性的國會議員。

在經濟方面，支配近代日本的財閥，因政府實施「禁止獨占」，「排除集中」的原則而解體。同時對勞工與農民也敞開了自由的大道。勞工依據「勞工工會法」（組合法）及「勞動基準法」等法規，可團結起來保護自己的權利，改善工作條件及工作時間。雖然帝國時期也有工會的組織及罷工等活動，以抵制資方的無理措施，但因缺乏法規的保障，任何勞工運動均被資方及政府官員自由裁定，被迫瓦解。如今卻有了正式法規，保障勞工的權利地位。

又農地改革，也從地主搾取多量田租的桎梏中，將佃農解救出來，結果原來僅占農民三成的自耕農，增加至六成以上，佃農則減至百分之五左右，可以說解決了農民幾百年來的苦楚。

在教育文化的領域上則首先保障了治學與思想言論的自由。過去支持帝國主義的國家主義教育，也因新教育制度的實施而成爲民主主義的教育。帝國主義教育時期，修身、公民等對學生注入偏差的家族觀與國家觀之課程，因新教育之實施而改爲社會科教育，成爲青少年培養「民主社會人格」之重要課程。總而言之，學術自由的確立與言論思想之自由，使學術界擴大治學的領域，毫不受拘束，言所欲言，學所欲學，對民主社會之開展，有了很大的影響。

在政府組織方面，帝國主義時代實施極端的中央集權制度，尤其在戰時體制中，幾乎是具備了警察國家的性格。但投降之後的政治改革，特別重視地方自治，對過去有名無實的地方自治機構，充實了許多自治機能。同時整齊劃一的政令被制止之後，人民可在自治機構中自由表達意見，民主化的風氣遍及全國。

本來這些民主化的變革，都是現代化中必經之路，可以把日本現代化以前的社會結構，從根本上改革，也可以把傳統的價值體系，從根本上予以改變。但事實上，以天皇的名義對盟國宣戰，後來又出自天皇的親口向盟國投降的日本，卻仍把天皇的地位保全無損，戰爭的責任不歸於天皇，也不歸於政治家，而在一億國民總懺悔之名義下消於無形。因此，至今日本尚未明確承認對各國的侵略行為；他們把占領軍稱為「進駐軍」，把戰敗稱為「終戰」等均可證明傳統的價值觀念仍在作祟。投降之後雖接受麥帥的統治，但事實上並不是占領軍的直接統治，而是透過日本政府之間接管理。日本政府可以歪曲占領軍司令部的指令，採取對日本較有利之措施等，應是戰後日本社會的民主化過程中，不可忽略的地方。

因此被強制推銷的民主主義，一方面受戰後殘存的支配階層消極的抵抗，一方面因日本國民毫無民主政治的經驗，在實施時不無困難。長久受家族主義的價值體系薰陶過的日本人民，不但對民主主義這種新價值體系非常陌生而且在投降時，社會經濟極其窮困的局面下，想從健全的方向實施民主主義的自由，實際上也不容易。

當戰前的價值體系被否定而廢棄時，對只知教條式的修身教育所強化之傳統道德基準的日本人，一面失去了外面的控制裝置，一面又無內律的道德建設，易將自由當做放任。又人權之尊重，本為實施民主主義的基礎，但到日本人的手裏，並未變成正常的個人主義，而成

爲原已潛在的利己主義之工具。換言之，自由與人權尊重，被歪曲爲公然追求私人利益的口實。加之「身分階層制」之瓦解，對放任與利己主義，如虎添翼，使個人的追求在解脫的感覺中奔放，而精神主義的否定，更使日本人一面倒向物質的利欲。

這種脫離常軌的奔放，在飢餓邊緣與從無民主自由的經驗之環境下，本無可厚非，而應以珍惜自由，輔導其建立自由民主的正確觀念。但受戰前教育陶冶出來的長輩，對戰後派爲中心的逸脫行爲，總無法忍受，也不能諒解。當這些舊世代的人們，發現民主的改革中所產生之種種弊端時，想不到這些弊端反而成爲重建日本的動機。他們呼籲美國式民主不符合日本的國情，而主張將它修正爲日本式民主。正好當時國際局勢動蕩，韓戰爆發，美蘇兩國的對立愈形尖銳，「民主主義實驗場」的想法漸漸隱形而明確變成「反共基地」時，這些擁有舊型日本人性格的保守主義支配階層，充滿了希望，鼓足勇氣，致力於扭轉頹敗的日本社會。這些打着保守主義旗幟的大部份人，在投降時忽視國民大眾的權益而執着於維護日本國體。對占領軍強行頒布的新憲法引爲恥辱。於是產生「保守派」倡議修改憲法、革新政治的獨特現象。

然而這種主張，遭受親身經歷原子彈轟炸及空襲戰禍的全國人民強烈的反對。憲法中放棄戰爭條款，受到絕大多數人民的支持而一直保留至今。在軍備方面，雖然已從警察預備隊，升級而改爲保安隊，又從保安隊升級改爲自衛隊，數量與裝備均有擴增，但國民的概念仍未超過「專守防衛」的界線。換言之，把國防經費節省至最低限而專心於經濟復興，實爲復興期中，日本的基本目標，也是國民共同的願望。

回溯日本自德川幕府末期，受外國船隻的威脅，第一次開港時實

施的「強兵富國」政策，一直沿用一百多年，一直至第二次大戰，日本投降後的所謂「第二次開國」，因占領軍的統治而被迫放棄「強兵」而僅保留了「富國」的政策，可以說是日本近代史中的插曲。一九五〇年，投降後的經濟混亂期漸成尾聲時，韓戰砲聲一響，日本經濟也從復興期而轉向成長期，日本以此爲契機，眞正開始邁向「富國」的大道。

二　高度成長下的工業化

日本在第二次世界大戰以前，早已從農業國家漸進於工業國家。一九三〇年時，農業人口約占全國就業人口的一半，至一九四〇年已減至百分之四〇，加上養殖業、林業等第一次產業，也不過是百分之四四而已。

但日本投降之後，因戰爭期間工業的毀損，農業人口又一度上升而超過百分之四五，第一次產業人口也超過全國就業人口的一半。一直到一九五〇年代，日本經濟從復興期進入成長期時，農業人口才開始有年年減少之趨勢。據一九七五年國勢調查統計，農業人口已減至百分之一三。第一次的產業人口則減至百分之一三‧九。這種急遽的變化實爲世界史上少有的現象。

一九五〇年以前，因投降不久，軍隊復員，疏散者回鄉，都市被毀等因素，使人口大量流入農村，農業人口高達一八〇〇萬，超過明治維新至二次大戰投降之間，八〇年來的最高峰之一四〇〇萬有四〇〇萬人之多，但這項龐大的農業人口，在以後幾年的經濟高度成長中，急遽減少，根據一九七〇年日本國勢調查的統計，農業人口已減至一〇〇〇萬，其中專業的農民僅約七〇〇萬，也就是在二十年間，

減少了一半。至一九七五年，又見大幅度減少；農業人口僅剩六七〇萬，其中專業農民只有四九〇萬而已。

　　這種農業人口減少的現象，本與就業人口的比率有關。一九六一年，當全國人口大致恢復到戰前水準時，農業人口所占比率約為三〇％，再經過六、七年之後，則已減至二〇％以下。另一方面也與就業人口增加有關；日本剛投降時，全國總人口不過八千萬，至一九六一年前後，人口恢復到戰前水準的一億。換句話說，就業人口增加了五百萬人，使農業人口的比率急遽下降至百分之三〇。六、七年之後又減至百分之二〇以下，現在則已減少到百分之一〇左右。也可以說，從一九五五年經濟開始成長時，至一九七五年短短二〇年之間，第一次產業人口已從就業人口的百分之四〇減少至百分之一五，足證二次大戰後，日本的工業化如何快速的成長。

表七　產業別就業人口（％）

	1955	1965	1975
第一次產業	41.0	24.7	13.9
農　業	37.9	22.8	12.6
第二次產業	23.5	32.3	34.1
建　設　業	4.5	7.1	8.9
製　造　業	17.6	24.5	24.9
第三次產業	35.5	43.0	51.7
批發，零售	13.9	17.8	21.3
服　務　業	11.3	13.0	16.4

資料來源：「國勢調查」

隨着第一次產業人口比率之降低，第二次產業人口增加至占全就業人口之三分之一，而在一九五〇年時，約占百分之三〇的第三次產業，也增加至全就業人口的一半以上。本來在經濟高度成長過程中，占最重要比率的是製造業，如今建設業、批發業、零售商、服務業等第三次產業的比重，以急起直追的姿態，提高了它們所占的比率。使日本現代的產業別人口結構顯著地改變；約言之，第一次產業僅占百分之一〇，第二次產業約占百分之三四，第三次產業則高達百分之五〇以上。可見第一次產業人口之比率，已接近歐美先進國家。從這一點說，日本在一九七五年前就已具備了先進國家的產業結構，進入已開發國家的境界了。

在此我們必須留意，急遽增加的第二次產業與第三次產業的性質與大戰以前有所差別：

㈠戰前日本的紡織工業，占壓倒性高比率，戰後則顯著減少。一九五三年時，從事紡織工業的人口，約占百分之四〇，金屬、機械、化學工業等三類的就業人口合起來也僅百分之三五左右，仍不及紡織業的人口。但至一九五五年時此三類的就業人口接近了百分之四〇，現在則已增加至五〇左右。

㈡在生產量方面，機械工業在一九六〇年至一九六五年的五年之間增加了一倍，在一九六五年至一九七〇年的五年之間又增加了三倍。換句話說在短短的十年之間，增加了六倍。同時鋼鐵業也在這十年之間，增加了四·二倍，化學工業增加了三·六倍。雖然纖維工業與食品工業也各增加了兩倍以上，但我們仍可以發現工業方面的發展，均以重化學工業為主。

㈢一九七〇年之後，鋼鐵工業與化學工業的產量仍繼續成長，約保持百分之三〇的增加比率，但纖維工業的產量比率已開始下降。過

去曾占日本工業主要部份的纖維工業生產量，已降到百分之一〇以下，可見日本的工業結構自一九七〇年之後，產生顯著的變化。

㈣在售貨量方面，重化學工業竟超過了日本全部工業的百分之六〇，在重工業方面則因機械工業之迅速發展而占了百分之五〇以上。這些機械工業的員工，在戰前約僅占製造業者的百分之一五，現在則已增加至百分之三〇左右。

㈤在日本經濟急遽成長的過程中，機械工業因設備投資的擴大，新技術的發明及家庭電化製品，自用汽車需要量之增加而迅速發展。在這種機械工業為中心，發展重化學工業的過程中，終於產生大規模企業，有一些竟已列為世界性大企業的地位。

㈥一般來說，工業化的過程，起初都是第二次產業比第三次產業發展迅速，但到了相當程度之後，第二次產業的成長速度會自然緩慢下來，第三次產業的進步反而比第二次產業迅速。第二次產業因技術的進步，一面增加了生產量，但一面卻遲緩了員工的增加。第三次產業則沒有像第二次產業，有自動化技術的革新減少工人的現象，反而必須因應日益增加的貨品之流動而增加工人。然而人力畢竟有限，而工業生產的發展則無限，但在高度工業化的過程中，第三次產業也成立大企業經營的形態，同時也導致若干技術性的進步。如電腦作業，不僅已普及在一般金融業、保險業，更已普及到其他各行業的傾向。又在大量生產，大量消費的社會下，商業上的批發業、百貨公司、超級市場等，均陸續成立關係企業或連鎖商店。這種情形均可證明大資本的企業正在急速發展。

㈦工業化的發展，顯著減少了第一次產業的比重，而相對的使第二次及第三次產業的比重增加。這種情形也正表示，就業人口中受僱員工所占的比率顯著增加。如在一九五五年經濟成長初期，受僱員工

開始超過戰前的比率，而達到百分之四五・八。但十年之後的一九六五年，受雇員工已超過就業人口的百分之六〇，一九七五年時，再繼續成長而接近百分之七〇，至一九七九年竟突破百分之七〇大關，接近歐美先進國家的員工結構水準（如表八）。

表八　就業者的職業地位別結構（%）

	1955	1965	1975	1979
受　雇　者	45.8	60.8	69.8	70.8
自　營　業　主	23.9	19.9	17.4	17.7
從事家業者	30.5	29.3	12.7	11.5

資料來源：「勞動力調查」

然而從另一個角度來看，農林業固然靠家族人口經營，工業化以前的商業，也大部份靠家族人口自營。因此不能以日本的受雇員工比率，未達歐美先進國家的百分之八〇或百分之九〇的水準，說明日本工業化的程度不及歐美。那是因為由家族人口經營，沒有雇用工人的小型工業及商業，比歐美先進國家多的原因。

無論如何，日本在二次大戰投降後，短短二五年之間，受雇員工從就業人口的百分之四〇增加到百分之七〇，同時自營業主從百分之二五降至百分之一七，原來約占百分之三〇的家族員工也減少至百分之一三。這些比率的變化，意味着工業化的急速發展，使日本戰後社會的結構顯著改變。這一點在日本社會的研究上，佔着非常重要的地位。

三　農業結構的激變

第二次世界大戰以前，日本的農業結構有兩個特質：

第一是靠人力勞動，經營零星農地。

第二是約有一半的耕地靠佃農耕作，地主制度支配着農業社會。

自古以來，日本號稱以農立國，但面積狹小，一直到現代也無法奢望農地面積之增加。自明治維新至第二次大戰這一段期間，農業戶均維持在五百五〇萬戶左右，沒有增加的趨向。換句話說，日本雖然在這段期間吸收了歐美的科學文明及資本主義，使工商業快速成長，但只停留在農戶中不繼承家業的次子、三子的階段，還沒有達到因工商業的發展，使農民棄農營商或棄農從工的程度。因此約有三分之二的農戶，靠耕耘一公頃以下的農地而生活。耕耘五〇公畝以下的貧農約占三分之一以上。農民變成「窮人」的代名詞。不但如此，明治維新以後租佃農地增加，在全部農戶中自佃農（小自耕農兼佃農）約占百分之四〇以上，完全佃農則約占百分之三〇。換句話說，真正的自耕農尚不及三分之一，而百分之七〇的農民，均生活在負擔高額的田賦給地主，依附於地主，受地主的支配之中。

表九　自耕，佃耕別農家結構（％）

	自　耕　農	自　耕　佃　農	佃農自耕農	佃　　　農
1946	32.8	19.8	18.6	28.7
1950	61.9	25.8	6.0	5.1
1960	75.2	18.0	3.6	2.9
1975	84.1	12.2	2.4	1.1

資料來源：「農林省統計表」及「農林業」

因此大部份農民，一直生活在貧困挨餓中，沒有能力引進農業機械以提高勞動效率，僅利用品種改良，增加施肥等方法，很有限的提高單

位面積的產量。當然在日本的下層社會中，仍有一些比農民更窮苦的百姓，但無論農民如何勤奮也無法擺脫窮困。是以日本社會中，普遍存在着農民卽窮人的觀念；在這個階段中，日本的農業，一面做資本主義的踏板，一面被資本主義經濟成長所遺棄，沒有顯著發展的傾向。

一直到二次大戰日本投降之後，實施農地改革，始解脫了地主控制農業的特質。日本地主階層的勢力，隨資本主義的成長而衰退，自一九二〇年代以後，資本家的勢力已完全凌駕了地主。至第二次大戰投降之後，政府爲了復興戰後經濟，極需要增加廉價糧食的生產，毅然實施農地改革，使長年支配農村的地主制度解體，也解決了農民生活的貧困。

農地改革以後，成爲自耕農的農民，在增加稻穀、水果及畜牧業的產量方面，有了顯著的成果。其主要因素，可歸於耕耘欲望的提高，與機械動力的應用。農家擁有了自己的耕地，經濟好轉之後，漸漸引進農業機械；如今已普遍使用自動耕耘機、挿秧機、收割機等。在單位面積使用農業機械的數量上，早在一九七〇年代就佔了世界第一位。但這種情形對經營零星農地的日本農戶來說，是一種過剩的投資。他們往往爲購買農業機械及農藥、肥料等，投下大量的資金，使所得的成長未見起色。進一步說：農業生產雖有增加，但其成長率一直停在三%至四%之間，無法趕上國民總生產率一〇%的高度成長。一九五五年，農業所得在國民所得中，約佔百分之二〇，以後年年減少，如今僅約百分之五，不能不說農業與其他產業之格差愈來愈大。這種農業所得迭減的傾向，正說明農家單靠農業無法生活。因此迫使大量的農業人口流出，棄農從工，使農業人口的比率，降低至全部就業人口的百分之一〇左右。但農業人口之減少，並不是指農家的大量

減少；至一九八〇年代，日本尚有四七四萬戶農家，比起戰前的五五〇萬戶，只不過減少了一五％而已。這種情形，含有下列兩種意義：

（一）雖然從農村流出大量的青壯年勞動力，但農家依然靠老人及婦女的力量維持，不肯放棄農業。

（二）因農業機械漸趨普及，農村人力的需求也相對減少，農家兼業的傾向也次第增加。

根據表十顯示，一九五〇年時，日本經濟尚未復甦，就業機會較少，農家中約有一半為專業農家。但一〇年之後（一九六〇年），專業農家減至三分之一左右，再十五年之後的一九七五年，竟減至農家總數的一成邊緣。反之第二種兼業農家，則從一九五〇年時的二一·六％增加至一九八〇年的六五·一％，日本現在的農家中，非專門農業戶，已超過了六成，沒有男性的專門農業戶，幾乎達到四分之三，這種情形應是現代日本農業的主要特徵之一。

表十　專兼業別農家結構（％）

	1941	1950	1960	1970	1975	1980
專　業　農　家	41.5	50.0	34.3	15.6	12.4	13.4
第 一 種 兼 業 農 家	37.3	28.4	33.6	33.7	25.4	21.5
第 二 種 兼 業 農 家	21.2	21.6	32.1	50.7	62.2	65.1

資料來源：「農林業普查」及「農林省統計表」

在這種演變過程中，日本政府遂於一九六一年製定農業基本法，着手改進農業結構。但畢竟經費有限，不但無法解決農業界的困難，反而徒增政府補償農戶的負擔。一九六九年因稻米過剩，米賤傷農到了極點，政府終於實施「生產調整政策」，減少稻作農田面積而鼓勵

農民改種雜糧。這是日本農業的轉捩點，但也是一向靠糧食管理制度的保護，依靠稻米的生產生活的日本農民之危機。因爲在這個政策之下，日本農民必須將種稻爲主的農業，改爲種植其他作物的農業。而改爲其他農作物之後，其生產情形能否比種稻好，固不得而知，是否能與日益增多的進口農作物競爭等，更是問題。此外稻米雖有大量剩餘，自給率相當高，但其他雜糧的自給率則非常低。進一步言之，直接食用的穀物之自給率爲百分之六八，但飼料的自給率卻僅占百分之二，總合起來，糧食的自給率不過是百分之三四，不能說不低，所以說這種情形爲農業的危機，實在不過分，而農業的危機也就是農民的危機，更是日本的危機，並不誇大。

　　但在這種危機中，因經濟的復興，一般農家的生活還是趨於富裕了。一九三〇年前後，農家的所得約爲一般薪水階級的七〇％，還不如當時被譏爲「社會垃圾」的廉價勞工，農家所得僅占他們的九五％而已，而且在生活費的分類中，「食」的費用高達一半以上。可是在二次大戰投降之後，這種情況有顯著的改變；投降初期農家所得已超過勞工，後來因經濟復甦而一度又比勞工減少，但在以後的高度成長過程中，因農家兼業化盛行而所得又大幅增加。至一九七二年，農家所得已超過勞工；根據一九七五年的統計，農民個人平均所得已達勞工的一一三％，家戶所得則高達一三四％。從表十一中，我們並得知一九七五年時，農家一個人的生活費爲勞工的一〇七％，恩格爾系數爲二六，與勞工的恩格爾系數三〇相比略低。

　　一九六一年製定農業基本法以來，稱農業所得與勞工所得相若的農家爲「自立經營農家」，當時這種「自立經營農家」僅占全部農家的九％。以後雖有漸漸增加，但至今也不過是一〇％左右而已。然而農家所得竟比勞工所得爲高，實在是因兼業而增加其他方面的所得所

致。據統計，一九六三年的農家所得中，農外所得已比農業所得爲多，至一九七〇年前後，農業所得僅占農家所得的三分之一，而從一九七五年之後，均維持低於百分之三〇的狀態。

由此可知，專業農家的家計支出，無法達到都市勞工的水準（如表十一），但以兼業爲主的小農家則反而可凌駕勞工。「兼業農家隆而專業農家衰」，可以說是日本農業社會的特徵。

表十一　經營規模別農家每人平均生活費（勞工一人＝100）

	全農家	~0.5 公頃	~1.0 公頃	~1.5 公頃	~2.0 公頃	~2.0 公頃
1960	75.8	79.8	72.5	73.4	77.4	87.4
1970	95.3	106.2	93.1	89.1	86.8	90.3
1975	107.1	117.3	107.8	97.6	95.0	98.0

資料來源：「農林經濟調查」，總理府「家計調查」。

四　都市的擴增與急速成長

日本在一九四〇年前後，實施市政制度的地域人口，已約達全國總人口的百分之四〇。若將這個比率與一九三〇年的都市人口比率百分之二五相比，不難知道在第二次大戰時，戰時體制下的工業化，也增加了相當多的都市人口，但這種向都市集中的人口趨勢，至大戰末期，因人口大量疏散至鄉村，戰後復員的青年也多數回到農村，所以一時農村人口急遽增加，而使都市人口比率減少至百分之三〇以下。至一九五〇年時，都市人口雖稍有恢復，但仍在百分之四〇以下，一直到一九五三年，政府實施「町村合併」制度，將合併後的「町村」

也稱為「市」，都市人口始恢復至戰時最高水準，即百分之四○左右。以後就隨着經濟的高度成長，都市也快速的發展。茲將其大概情形說明如下：

自一九五○年至一九六○年的十年之間，人口有向大都市集中的傾向，也就是說，東京、大阪、名古屋、橫濱、京都、神戶等六大都市的人口均快速增加；在十年之中，約增加了一·五倍。其所占全國總人口的比率，也從百分之一四增加到百分之一八。但自一九六○年之後，這種趨勢發生變化；也就是說，在一九六○年至一九六五年的五年之間，東京、橫濱、名古屋等三大都市的人口繼續成長，而大阪、京都、神戶等都市則有停滯的傾向。又在最近十年之間，除橫濱之外，各大都市的人口膨脹均已遲緩，東京、大阪兩大都市則已呈減少。此六大都市的總人口占全國總人口的比率，也自一九六五年時的一九％，降至一九七五年時的一七％，而且仍有繼續減少的傾向。然而這種傾向，並不是意味着都市人口擴增之停止，實具有下面兩種意義：

第一：六大都市人口已呈飽和，而人口集中在大都市附近。換句話說，人口避開大都市之過密與高地價，而流進周邊的通勤可能地區。這種人口，雖然對大都市不產生直接影響，但仍然使大都會圈內人口繼續膨脹。茲以首都圈（東京、神奈川、埼玉、千葉），中京圈（愛知、岐阜、三重），以及京阪神圈（大阪、兵庫、京都、奈良）等三大都市圈為例來說，如第十二表所示，人口年年增加；一九六○年時，三大都市圈的人口占全國總人口的三九％，到一九七○年時，增至四六％，一九七五年則更為增加而達到四八％，最近幾年約有全國人口的一半人口，集中在這三大都市圈。

第二：從都市人口的階級來看都市人口的增減趨勢，也同樣可以

表十二　三大都市圈的人口增加（全人口＝100）

	1955	1960	1970	1979
東京大都市圈	17.1	18.9	23.0	24.2
京阪神大都市圈	12.2	12.9	14.8	15.0
中京大都市圈	7.6	7.8	8.3	8.4
計	36.9	39.6	46.1	47.6

資料來源:　「國勢調查」，1979年爲總理府推計人口。

看出大都市的人口增加率減低，而小都市則反而增加。扼要言之，一九六〇年到一九六五年之間，人口五〇萬到一百萬的都市人口，增加率非常顯著。但一九六五年到一九七〇年間，則二〇萬至三〇萬的都市人口，增加率變成最高。一九七〇年到一九七五年間，不但五〇萬以上都市的人口，增加率繼續呈停滯狀態，連五萬至一〇萬人口的小都市，也與一〇萬至二〇萬人口的都市一樣，人口增加率有降低的傾向。這種情形應可以說，經濟成長所帶來的工業化之影響，已波及小都市。

不必贅言，這種情形與行政上「市」的增加有密切關係。一九五三年開始的「町村合併」制度，製造了很多包含廣大農村地區的「市」。這種在農村地區新成立的「市」，實際上有些仍無法稱爲「都市」；當然把「市」的人口算爲「都市」人口是否恰當，也應再予斟酌，但事實上一九五七年時，全國已有了五〇一個市，至一九八〇年全國的市已增加至六四六個，也就是說，在二〇多年之間，增加了一四五個都市。可見隨着都市的膨脹，都市的數量也年年增加。

若暫且把這些地方自治體的行政單位「市」，不全部列入都市的

範圍，而以人口十萬以上做爲都市的水準，則一九六〇年，都市人口約占全國人口之四〇‧六％，一九七五年則增加到五五％。另外都市的數目也從一一三個增加到一七五個。可見一〇萬以上的都市人口，已超過了全國人口之一半。若加上五萬人以上的都市人口則已高達六七％，接近了全國人口的七成（如表十三）。

表十三　十萬人以上都市人口之比重（％）

年度 規模	1960		1975	
	市　數	人 口 比	市　數	人 口 比
100萬〜	6	17.9	10	20.8
50萬〜	3	1.9	7	4.0
30萬〜	12	4.6	32	10.7
20萬〜	21	5.5	39	8.6
10萬〜	71	10.6	87	10.9
計	113	40.5	175	55.0

資料來源：「國勢調查」。

一般而言，日本的都市以德川時期城堡附近的商店街爲基礎，明治維新以後它又成爲縣市政府所在地而發展爲現今的消費都市爲典型。雖然也有在明治時期，隨工業發展而形成的產業都市，如八幡、川崎、日立等，以及開港通商之後發展的港灣都市，如橫濱、新潟、青森等；但從全體來說都是在原來的政治中心形成的消費都市，加上因工業的發展而引起人口集中而形成的都市爲多。

二次大戰之後，都市的成長仍然繼續着這種形態。在形式上，日本似乎已確立了地方分權的自治制度；但從財政上看，都、道、府、

縣受中央政府的鉗制；市、町、村則受都道府縣的制約頗多，實際上仍爲中央集權的延續。這也是人口集中在東京及地方縣市政府所在地的各都市，使都市人口膨脹的因素之一。可見近幾年來，在政治中心地區附近，設置工廠，發展工業而吸收大量人口，加速都市發展的地方也不少。

然而雖然有上述都市成長的形態，但最近急速成長的都市，均以工業都市的性格發展者爲多。尤其動力資源從煤炭改用石油之後，旣成的工業都市以外，又紛紛設立聯合工業區，更加速了新興都市的發展。

在許多新成立的「市」中，我們所要留意的不是因「町村合併」後包括廣大農村的市，而是後來成立的新都市的性格。這些新都市的大部份，均發展在大都市周邊；換句話說，原來在大都市圈的「小町」，受人口的壓力而升格爲市，又因市人口之增加而提升市的地位。大都市本身的人口雖已停滯，暫時沒有增加的傾向，但附近的小都市增加，大都會圈的人口也急速上升，這是日本的都市與都市人口增加的大概情形。

從上述都市人口之增加情形，可以歸納四點事實：

（一）大都市的人口已呈過密的現象，同時受高地價的影響，人口的增加已近於界限。

（二）地方中心都市的人口仍在繼續增加之中，尤其具有產業都市性格之都市，人口增加特爲迅速。

（三）原有的產業性都市，隨着經濟成長而膨脹，同時新興的工業都市，在太平洋沿岸工業地區附近急速成長。至一九六三年以後，新產業都市的建設，已擴及太平洋沿岸非旣成工業地區，包括了原來農漁村的地方。

（四）大都市周邊的都市化，急速發展，地方的中心都市周邊，也有顯著的都市化現象。這是最近都市急速增加與快速成長的特質；也可以說是日本都市化社會的膨脹實況。

如上所述，日本都市成長的主流，與其說是既成都市的膨脹，不如說是在農村地區成立新都市，或都市膨脹後急速浸蝕了農村。同時離都市較遠的山區農村，則因流出大量人口而導致人口過疏的社會問題。換言之，因都市化的急速成長，日本的整個社會已急速進行都市化，隨着農村的都市化，都市型的動力也波及農村，使日本人的全盤生活也趨向都市化。路易渥斯 (Louis Wirth) 說：「這種都市化，不僅是都市本身的成長，而是與都市化有密切關係的生活方式 (Way of Life) 的改變，也是都市文明 (Urbanism) 擴及全部社會的過程」❶。實與大眾社會化的進展有密切的關係。

總而言之，日本在第二次大戰以前，雖已經過了長達三分之二世紀的現代化運動；但從整體上看，日本還是停留在農村社會的階段。杜爾 (Ronald Pore) 說：「早年有些英國人於工業革命後遷入都市時，無法適應都市化的生活而引起社會問題；但日本卻在都市化之後，沒有發生什麼嚴重的都市問題。」❷ 其原因為日本都市化之後，「街會」（町內會）及「隣里會」（隣組），仍產生往日村落守望相助的功能，關照遷入都市的人，使他們避免了不適應現象。換句話說，表面上雖然是都市，但事實上仍具有昔日農村的性格。因此隨着現代化而都市化之後，驅動社會的政治體質仍具有農村性格。也就是

---

❶ L. Wirth, *Urbanism as a Way of Life. American Journal of Sociology*, Vol. XIIV, 1938.

❷ Ronald P. Dore, City Life in Japan, 1958. 青木哲人譯「都市の日本人」，一九六二年，岩波書店。

大家認爲生活的責任在各家族，社會性生活也交由自治共同體的村里負責。政府本身從未注意到整個社會的公共設施與福利事業。一味只顧產業的發展與軍備的增強。

　　總之，在第二次大戰投降之後，日本已因經濟高度成長的結果，大大地改變了社會的性格。如今已成爲名符其實的都市化社會。但在一切爲富國的經濟政策中，因應都市化社會生活所必需的公共設施，仍極落伍。甚至重建戰時被毀的都市時，除極少數的事例之外，仍無什麼都市計畫；小自沖水式厠所，大至都市下水道之興建，均未納入投降後的重建計畫中。只是讓都市自然成長，導致產生許多亂雜而無計畫性的都市。然而此事卻成爲加速經濟復興的主要因素之一，並與日本都市化社會存有農村特質有密切關係。

五　受雇員工的結構變化

　　第二次世界大戰之後，受雇員工的比率，自就業總人口的四〇％增加到七〇％，可以說是日本社會變遷的重要面之一。這種情形正表示，日本已從自營業主爲主體的社會，轉變爲受雇員工爲主體的社會。

　　受雇員工的主流，一般分爲「白領階級」的事務人員與「藍領階級」的生產工人。然而在經濟高度成長下，這兩種員工的比率均已大幅增加。

　　一般來說，工業化的過程是，從單純的機械化開始，然後進至一般工作機會或運搬裝置的自動化。如在汽車工業中，從採用「連續自動工作機」（Transter Machine）進到採用全自動機械（machnical automation）階段，造成大量生產，大量銷售。戰後日本的高度經濟

成長都是在採取多類的技術革新，全盤自動化的生產之下，造成飛躍的進步。

　　一般人常以爲自動化似乎會帶來節省人力，減少員工。但事實上因銷售市場已擴大至海內外各地，銷售刺激大量生產，不但未造成員工減少，反而需要增加工人。同時隨着企業的擴大而增加事務管理，組織規模的擴大而增加勞務管理，市場的擴大而增加銷售管理等各種業務人員。 又在大量生產、 大量消費下， 各地均增加了許多銷售人員。第十四表爲表示日本職業別員工的推移情形。從表中可知，一九五五年，日本各行業復甦至戰前的指標時，從事生產的勞工約占二四％，十年之後的一九六五年增至三〇％，一九七五年時再稍微增加而占三一％，但比一九七〇年後高度成長期的三二％卻略爲減少。

表十四　職業別就業人數比率（％）

	1955	1965	1975
專門技術人員	4.9	5.6	7.8
事 務 人 員	8.7	13.0	16.8
販 賣 人 員	10.6	11.7	13.2
農林漁業人員	40.4	24.5	13.8
生產工程人員	24.1	30.1	30.9

　　資料來源:「國勢調查」。

　　這種現象正表示， 在生產量方面雖然一直增加， 但因技術之革新，勞工的增加緩慢，甚至不需一直增加生產工人。反之在事務管理人員方面，一九五五年時尚不及於一〇％，但不受生產工人減少之影響，反而有增加的現象。至一九七五年時，已增加到全體就業人員的

一七％，另外從事販賣的商人也有增加的現象。

　　日本的工業化就在這樣的傾向中，達到高度自動化的階段。也就是說，在生產過程中，採用中央管理系統的自動控制裝置，從頭到尾完全自動製造。在事務勞動方面則廣泛應用自動化事務機器。因此也因應自動化工商業社會的需要，增加了專門性及技術性職業人員。

　　然而在工業化的過程中，令人注目的不僅是勞工比率的增加而已，連勞動力的「質」也產生了變化。換句話說，已從人力的勞動，變爲機械的勞動，這是值得令人注意的重要問題。

　　第一、工作的意義不同：資本主義社會的受雇勞工，是爲賺取工資而出賣勞力，在工作時間中行爲受限制，可以說是被強制的勞動。這種勞動性質與封建社會的自營工人，靠自己能力或技術在自己家中工作，爲做出成品而懷着希望，爲自己做出來的成品感到無比的喜悅，甚至從自己的工作中發現生存的價值等情形有所不同；現代化的勞工則自己沒有完全的生產能力，每日通勤至工廠（不是在自己家），而且必須在一定的時間及一定的分工體制下勞動。因此沒有自己一手完成的成品，也不容易從分工的勞動中體會出「做出產品的喜悅」及「生存的價值」。再說在單純的機械化階段裏，工廠的組織均以熟練工爲中心，配合未熟練工人成立各種分工單位而工作。當然未熟練工也懷着成爲熟練工的希望與喜悅，但這種希望及喜悅與前面所說，從靠自己雙手做出成品所體會的喜悅，有些不同。這是二次大戰以前的階段。換句話說，在這個階段裏（近代日本）的勞動就是自營業者的勞動與自動化以前的勞動階段。

　　經濟高度成長之後，「勞動」一詞的含義，就與以前大有不同，與其說工人使用機械，不如說依機械的需要而動作，而分工的單純活動。也就是說，勞工在輸送帶傳來的作業量之分配下，必須在特定時

間內完成一定的工作，其意義猶如工作流程中的齒輪。可見勞工在工廠工作中，已失去自己的主體性，這是自動機械時代的人類的典型。

第二、員工的差別減少：在自動化生產程序中，事務管理與勞務管理的意義已含糊不清。到了全自動控制階段時，勞工已從直接的生產勞動中獲得解脫，主要以儀表的操作與監視等做為勞動的主要內容。自動化的過程，一方面減少肌肉勞動，一方面增加特定的技術知識之比率。換言之，技術革新對勞工要求更高度的專門知識訓練，而不是某種技術的熟練。於是藍領工人與白領職員之格差，也隨着藍領工資的提高而漸趨縮小，同時事務機械的自動化，也使事務管理人員，大量成為只操電腦的機械操作人。這些人員的工作場所雖然與藍領工人不同在大工廠中，但其工作性質已與在大工廠中的勞工無異。因此在全自動化生產程序中，白領階級與藍領階級的分別，似已無什麼意義了。

第三、女性勞工之增加：前已述及，受雇勞工自四〇％增加到七〇％為日本戰後社會變遷的重要面之一。但我們更要重視的是，在這七〇％的受雇員工中，女性員工有顯著增加的趨向。眾所周知，自古以來「男主外」，「女主內」為中日兩國社會的共同特質。所以在第二次大戰以前，日本的女性就業者很少，而赴外地就業的女性更少。而且當時離鄉背井赴外地謀職的女性為貧窮家庭的象徵。後來雖有一部份女性擔任公車的「車掌」或電話的「接線小姐」等較適合女性的工作，但仍被稱為職業婦女而受一般人的歧視。一直到第二次大戰之後，修訂憲法及民法，大力鼓吹男女平等，就業女性始快速增加，其地位也漸受重視。

第一五表為職業婦女地位統計表。從表中可知，在經濟高度成長期中，受雇婦女的比率顯著增加。雖然一度因高度成長之頓挫而減

表十五　就業地位別女性就業人數（％）

年度　　　　類別	受雇工人	幹部	有員工的業主	無員工的業主	從事家業者	計
1955	28.5 (33.1)		13.9 (1.0)	19.2 (10.4)	70.9 (55.5)	39.1 (100.0)
1975	33.1 (58.6)	14.3 (1.6)	16.3 (1.4)	27.4 (10.7)	80.2 (27.4)	37.0 (100.0)

資料來源：1955年為「國勢調查」，為1975年為「勞動力調查」（計含地位不詳人數）。
（　）內數字為占女性就業者總數之比率。

少，但自一九七六年以後又開始增加，如今已約占全體受雇員工的三分之一。

　　大家知道婦女就業之後，一般均要兼顧家庭與職業。換句話說，就業婦女均生活在家庭與職業的緊張關係中。因此大部份婦女在結婚後，不得不放棄工作而專顧家庭，做一個專業的家庭主婦。俟子女長成之後再出去謀職。她們就因處在這種不利的工作條件中而受到社會的歧視，無法獲得男性一般的受重視。茲以持續服務的平均年資來說，女性僅為男性的百分之五六，然而女性受雇人員確實已大幅增加，而且可以說是日本戰後社會大變動之重要問題之一。

　　第四、勞工工會之功能：第二次大戰以前，日本已有勞工工會的組織。但當時工會在社會上尚未受到重視。如一九三五年，參加工會的勞工約四一萬人，僅占全部工人的百分之七；但至一九四六年，政府製定勞工工會法（勞動組合法）之後，即有三七五萬勞工加入工會，約占全部勞工的百分之四〇。一九四八年至一九四九年間，工會數增加頗速，會員急速增加至四六〇萬人，達全部勞工的百分之五六。後來政府重新整理會籍而有減少的傾向，一九五〇年時工會的組

織比率減少了約百分之一〇，不僅如此，隨着經濟的成長，會員數雖也增加，但工會組織比率仍然繼續呈減少趨勢。如一九五〇年時會員人數僅五八〇萬人，而一九八〇年則已增至一二三六萬人。但若以組織比率計算，僅達百分之三一而已。再從工會數來看，已自一九六〇年的四萬個工會，增至一九八〇年的七萬二千個工會。換言之，工會數增加而會員數的比率反而減少，可見在這二〇年中增加的企業，以工會組織率較低的製造業、服務業為多。同時小企業及零細企業，大部份未有工會的組織，也是主要原因之一。但無論如何，與第二次大戰以前的組織百分之七相比，百分之三一的比率，不能不說是戰後社會一大變遷的另一個特點。

再說，這種比率雖比將近百分之六〇的英國，與超過百分之四〇的西德稍低，但若與僅占百分之二五左右之美國勞工相比，則有過之而無不及。然而工會的特色不在會員之多寡，而在其功能是否能發揮。從這一點說，日本工會都能將藍領員工與白領職員融於一爐，實為歐美國家所不及，也是日本工會的一大特色。這種特色適應社會傳統的家族主義經營。因此勞工對於企業與工會不同的功能與需求，並不感到矛盾而能盡職。換言之，在勞動結構變遷中，仍保持家族主義社會的精神。這種勞工組織，不但沒有牽制企業的發展，反而成為推進企業發展的一大力量。

六　大眾社會的進展

隨着資本主義經濟的發展，受雇員工的增加，與鄉村地域社會斷絕關係的人也漸漸增加。因為對這些從鄉村共同體遷移到異鄉，在公司、在工廠做事的人來說，鄉村不過是暫時居住之地，已無昔日共同

體的意義了。

自舊中間層的自營業者分離而出的新中間層或勞工，一旦下班離開工作場所後，成爲芸芸眾生，找不到一個像鄉村共同體社會令人慰藉的地方。 他們的大部份均在工作場所中， 擔任組織化而單調的工作。而在官僚化組織的工會中，也只從事被動的工作。他們既於工作中失去發揮人性的機會，回到居住地後，也無法尋回迷惘的人性。這些失去鄉村性格的人類關係之員工，只好把休閒時間沈泥於大眾娛樂之中。這種趨向即爲大眾社會化。

日本大眾社會的萌芽時期約自「大正末期」到「昭和初期」，也就是日本資本主義進入獨占階段，工業化經濟有相當進展之時。換言之，在大正末期至昭和戰時體制以前的這一段期間，大眾化社會的傾向已相當明顯。然而眞正的大眾化社會卻一直到二次大戰結束，經濟高度成長之後才算確立。因爲大眾化社會爲因應高度工業化社會及大眾消費社會而產生，不論白領階級或藍領階級，均在經濟高度成長中顯著增加，而且兩者的經濟格差愈趨縮小，同樣具有高度工商業社會大量消費的條件。也就是說，一般民眾已有寬裕的經濟，享受大眾娛樂的能力。

大眾社會 (Mass Society) 一語， 原爲一九三三年時，卡爾‧曼黑姆 (Karl Mannheim) 被放逐離開德國之後，於一九三五年在荷蘭出版的「變革期的人類與社會」 (Mensch und Geselschaft in Eeitalter des Umbaus) 中， 最先使用的名詞。他在德國納粹勢力抬頭的惡劣環境中警告說: 「社會大眾不合理的行動，不但會助長非民主權力之產生，而且會受該項權力之支配；同時民眾爲了避免孤立與不安，更會盲從此項權力及權威」❸。 後來這個名詞就被許多社會學者所使

---

❸ 福武 ‧直譯「變革期における人間と社會」一九五三年，みすず書房。

用，同時對這個問題提出多面性的探討，他們離開自由主義的民主主義社會之崩潰，與全體主義或社會主義之成立等文脈，一致認爲大眾社會爲大量的人分散而沒有全體性的組織；各個人因孤獨感、不安感而憂鬱，缺乏親密感與安定感的社會。同時認爲，此種社會在地方共同體與各種人民團體之機能減弱，市民社會瓦解之下所形成。在美國更有許多論者認爲理性的民眾所形成的社會，容易被領導階級所支配，過於容易成爲同一步調而成爲不合理的羣眾性大眾擴散的社會。於是被地方共同體疏遠的民眾，在還沒有成熟爲市民社會的成員之前，就被抛在大眾社會的環境之中。因此爲了廻避大眾社會的孤獨感與無力感而在就業機構中組織關係集團 (Reference Group) 以便尋求同一化。

毫無疑問，現代日本的社會已走向大眾社會化之途上。然而構成大眾社會的成員，雖然同是被地方共同體疏離的民眾，但其出身背景、職業、階層各有不同，絕不能視爲同一需求的羣眾。他們旣失去地方共同體的維繫而不能補救孤獨感與無力感，又在彼此沒有共同的傳統與習慣之下，只好生存在失去精神上的依據，產生不安及道德頹敗的環境中❹。也許對他們來說，居住於都市的繁雜中正合需要。構成大眾社會的羣眾，卽指這羣匿名而不特定的民眾。

大眾傳播卽針對這種大眾社會所產生的工具。日本的大眾傳播媒體，在第二次大戰投降後，也有顯著的發展。

一九二〇年以前，世界上的大眾傳播媒體，以報紙、雜誌及無聲電影爲主體。一九二五年始有收音機廣播，開始做語言的傳播。然而眞正的發展，還是從第二次大戰結束後開始；一九五三年開始廣播黑

❹ *Emile Durkheim.* (*Lesuicide*) 1897. 宮譯　喬譯「自殺論」，一九六八年，中央公論社。

白電視節目，一九六〇年又開始了彩色電視節目之廣播。這種節目發展非常迅速，如今竟成爲大眾傳播的主流，正意味着電視時代的到來。

　　一九五三年開始傳播黑白電視節目時，日本經濟剛進入復興期，電視機價昂貴，一般民眾尚無能力購買，但一九六〇年時，擁有黑白電視機的家庭占五〇・八％，至一九六五年則增至九四・四％。現在則已將黑白電視機棄而不用，改爲彩色電視機而其普及率已超過一〇〇％以上。不但如此，在視聽時間方面，根據ＮＨＫ的調查，日本國民視聽電視的時間爲普通日平均三小時二〇分鐘，比先進國家多一小時至一小時半，可見電視已大大改變了日本人生活時間的結構。

　　至於昔日居於大眾傳播主體的報紙，與電視相比雖已沒有過去的光彩，但目前報紙的訂閱數，一千人中約有五六〇份，仍居世界第一位（如圖一）。令人注意的是許多報社均與廣播電臺或電視臺組成聯合傳播網，同時許多報社也發行週刊雜誌以迎合大眾之需要，形成一

圖一　世界各國報紙發行量之比較

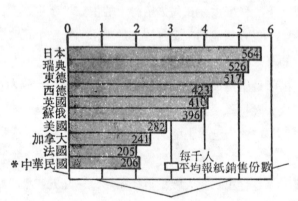

資料來源 UNESCO Yearbook (1981)

註：＊爲新聞局公佈之資料；每日發行量以 370 萬計

種有的大眾文化。

　　然而這些大眾媒體，到底在大眾社會中扮演何種角色呢？

　　當一九七〇年前後，電視普及至每一個家庭，所謂電視時代深入全部家庭時，一些論者曾提出「一億人民總白痴化」的警句，以警告全國人民，因收視低俗節目而變成愚劣的民眾。並反對商業主義的電視公司，傾向於製作煽情的感官性低俗娛樂節目。

　　眾所皆知，大眾傳播媒體，對社會民眾傳播大量的情報，而收視的民眾，必受這些情報的影響而等質化。換言之，節目的優劣，將影響收視民眾的素質。所以大眾傳播雖有啟發民眾新的欲求，改變價值觀的教育作用，但低俗節目過剩時，也會對民眾產生反教育的效果。究其根本原因，乃在傳播媒體依靠商業廣告維持經營所致。

　　一九五〇年前後，報紙的銷售收入與廣告收入的比率約為四比六；但一九八〇年前後，報紙的廣告費收入降低到三〇％，而電視廣告收入則自一九五五年的一‧五％顯著增加，一九七九年時已達三五‧四％（如表十六）。

表十六　媒體別廣告費（％）

	新　聞	雜　誌	收音機	電　視	其　他
1955	55.3	5.8	16.1	1.5	21.3
1965	35.8	5.6	4.7	32.3	21.6
1975	33.1	5.4	4.9	34.0	22.6
1979	30.9	5.2	4.9	35.4	23.6

資料來源：電通「日本的廣告費」。

　　可見電視廣告的效果非常明顯。於是商人為了吸引更多的觀眾，

容易傾向於製作滿足感官快感的低俗節目。也難怪論者會提出「一億人民總白痴化」的警句。

　　無論如何，這是二次大戰以前的日本社會所沒有，而是戰後日本社會的大變化之一。諸如農業比重的遞降，都市化的進展，受雇員工的結構及大眾社會的形成等，都可以說是日本戰後社會變動的主流。

　　最後，讓我們再比較一下，二次大戰前後，日本社會大眾娛樂的差異。首先我們可以提出一九七○年前後，所謂電視時代到來時，大眾的日常娛樂爲在家裏收視電視節目；但現在民眾的休閒時間增加，一般人均稱爲休閒時代，民眾已經不以收視電視爲滿足，而盛行觀光旅行活動。

　　其次爲賭注性活動之風氣，如電動玩具、飛車表演、賽馬、賽車等，均已成爲大眾活動之一環。電動玩具原爲二次大戰前，兒童玩樂的對象，但自二次大戰以後已被成人所取代。而且其風氣有每況愈盛之勢。又如賽車、賽舟、飛車表演等賭注性活動，戰後常由各地方政府等團體主辦或經營，不僅已普及全國，而且規模龐大。

　　這些情形在二次大戰前的日本社會，可以說幾乎沒有，可見在經濟高度成長，消費水準一直提高的工業社會中，大眾藉這種賭注性活動暫時逃避現實，滿足人性的投機心理，並消除潛在於心底的疏離、不安、焦慮等心態。我們或者可以說，這種情況就是大眾化後的現代日本社會，與近代日本社會不同的一面。

　　再說從「暫時逃避現實的觀點」看，不僅公營的賭注性營業或活動，就是熱衷於職業棒球賽，或著迷於體育新聞等，也能達到逃避現實，忘卻苦惱的目的。這一些都比賭注性活動健康，而且從關心運動而參與運動，正是最好的休閒生活。然而社會上仍徒增商業性的高爾夫球場、游泳池之類的設施，而缺乏讓一般大眾所能樂用的運動場

所，這是我們所要呼籲政府迫切改進與期待的。

　　總而言之，重視休閒生活的人已愈來愈多，休閒生活幾乎成為人生的重要目標之一。況且從字源上看，休閒（Leisure）一詞，有含着利用閒暇時間學習之意，我們期望休閒活動不但能增進民眾的敎養，而且更關心自己的社會與政治，擺脫一時的享樂而充實人生的意義。

七　「家」制度的瓦解與殘留

　　日本的家族一向均採直系家族制；產兒人數旣多，一起生活的家族人數也不少。二次大戰之前，每個家庭的平均人數約為五人。這個平均數一直至第二次大戰後，不但未見減少，反而因「產兒風潮」（Baby boom）與房屋荒而增加。一直到一九六〇年前後的經濟復興期才開始減少。一九五五年，每一家庭的平均人數，還是維持戰爭前水準的四‧九人，到一九六五年時，減為四‧〇五人，一九七五年又減至三‧四四人。也就是說在二〇年間，減少了一‧五人。每一家庭的平均人數已接近了歐美的水準。表一八為家族結構別百分比的增減情形，但我們也可以從第一七表中，明白看出單人家庭（單人戶）的迅速增加。同時我們也可以發現三代同堂的家庭急遽減少。而夫婦家庭與核心家族的家庭則正逐漸增加。

　　進一步說，若把夫婦與未婚子女所構成的核心家族（Unclear family）與僅夫婦二人的家族，以及父（或母）與未婚子女所構成的家族為核心家族時，一九五五年的比率尚不及六〇％，但一九七五年時則已達六四％。從表十七「家庭人數的遞減」與表十八「親族結構的單純化」，我們不難發現，戰後日本的家族結構，的確已發生變化。這種傾向一般均稱為「核心家族化」。

表十七　人數別戶數的分布（％）

	1930	1955	1965	1975
1 人	5.5	3.5	8.1	13.7
2	11.7	10.8	14.3	16.9
3	14.8	14.5	18.2	20.1
4	15.1	16.6	22.3	26.1
5	14.5	16.7	16.2	12.4
6	12.7	14.1	10.6	6.4
7	9.9	10.3	6.1	2.8
8	6.8	6.5	2.5	0.9
9～	9.0	7.1	1.8	0.4
平均人數	4.98人	4.97人	4.05人	3.44人

資料來源：「國勢調查」。但1980年國勢調查結果爲平均3.25人。

表十八　家族結構別普通戶數（％）

家族結構 ＼ 年度	1955	1965	1975
親族戶數	96.1	91.8	86.2
1.核心家族戶數	59.6	62.6	64.0
僅夫婦二人	6.8	9.9	12.5
夫婦與子女	43.1	45.4	45.7
僅父親與子女	1.6	1.0	0.8
僅母親與子女	8.1	6.3	4.9
2.其他的親族戶	36.5	29.2	22.2
非親族戶數	0.5	0.4	0.2
單身戶數	3.4	7.8	13.7

資料來源：「國勢調查」

這種結構上的變化，在實質上到底有何種影響呢？茲略述如下：

（一）**家格意識之遞減**：第二次大戰以前的日本社會，極爲重視家格或門第觀念。這種家格意識，尤在農村特別強烈。但戰後實施農地改革之後，地主制度崩潰，原以地主與佃農關係所建立的家格、身分等門第觀念，也隨着漸漸遞減，在都市方面則受工業化的影響，更爲嚴重。

（二）**家長權威之衰微**：家格意識的遞減，也引起領導家人、代表家族的家長權威之低落。換言之，日本的家庭，已逐漸從昔日的權威主義，演變而成爲平等主義的民主家庭。從第二次大戰投降，實施新民法取消「戶主」制之後，也導致了家長、父親以及一般男性優越地位的崩潰。換句話說，日本的家庭已從男性優先的「親子關係本位家族」，演變爲以兩性平等爲前提的「夫婦關係本位家族」。顯著提高了女性的地位。雖然在實際上，不見得男女已眞正平等，但女性的家庭地位，確比戰前提高了很多。

（三）**婚姻觀的改變**：在第二次大戰以前，日本男女青年的婚姻觀，大致說來，結婚的目的是爲家庭而結婚。女性在準備做一個賢慧的妻子之前，先被要求如何做一個好媳婦。至少，戰後已重視男女雙方的感情基礎，而不再受囿於媒妁之言。過去在農村非常少見的婚前約會、婚後蜜月旅行等已大爲盛行，與戰前的情況大爲不同。在結婚年齡方面，也許因女性就學率與升學率之提高，又因受雇比率比戰前顯著增加的關係，女性的結婚年齡平均約爲二五歲，比一九三〇年代增加了將近兩歲。男性方面則仍與戰前一樣，大約在二七歲前後結婚。至於夫婦的年齡差距，戰前約爲四歲以上，而戰後則有縮小傾向；大約在二至三歲之間。夫婦年齡差距之減少，對夫婦關係的性格之變化不無影響。還有在婚後的夫婦生活方面，住在都市的人，大概都以另

築新巢，與父母分居者爲多。上階層的家庭，縱有足够兩代同堂的房子，但仍然讓新婚夫婦另築新居，或在父母居住的房地內另建新居。中下階層的家庭則因經濟的關係，大部份沒有多餘的獨立性房子，所以以租屋（租房）而居爲主。這種婚後另築新居，獨立居住的情形，可以說也是促成「核心家庭」的一種因素。

　　然而從整體來看，這種婚後另設新居的生活方式並未定型。目前在農村繼承家業的新夫婦，仍以和父母共同居住爲多，都市的自營業主階層，一般來說若家中尚有餘房，長子夫婦仍與父母同住。但家族的生活週期（family life cycle）已與戰前大不相同，生活實態也有了改變，都是不能否認的事實。

　　（四）繼承制度的改變：日本於第二次大戰投降之後，雖然修訂了民法，把原來的長子繼承制改爲諸子均分制，但事實上遺產並未均分，而大部份仍照過去的傳統，卽依照父母的意思優先分給繼承人，同時繼承人也承受扶養父母的義務。

　　這種繼承人卽扶養人的制度，雖在新民法實施後已經十多年的今天，仍被百分之六〇以上的人所接受，不分農村、都市均依然流傳。一九五五年日本總理府與一九七五年日本廣播協會（NHK）曾分別調查過這個問題；支持「長子繼承家業並照顧父母的規定較好」的人，占百分之四〇以上，同時贊成「財產部分給長子或繼承人」者也有百分之三五左右。另外統計數理研究所調查，認爲「應尊敬祖先」的人，現在仍高達百分之七〇（如表十九）。

　　若從這幾方面看來，戰前的家庭制度，在表面上雖幾近瓦解，但在繼承問題上，大家仍認爲「必須有一個人來繼承歷代祖先傳下來的家」，不能不說昔日家庭制度的精神仍然殘留着。不過同族關係的緊密性，已較戰前顯著弛緩，昔日未有地位的姻戚關係則漸漸突出，不

表十九　尊重祖先程度調查表（%）

年度＼類別	尊　重	普　通	屬於不尊重	其　他
1953	77	15	5	3
1973	67	21	10	2
1978	72	16	10	2

資料來源: 統計數理研究所「國民性」調查

分同族關係或姻戚關係而平等交往等，已成為親族關係的主要原則。換句話說，親族已不像第二次大戰以前對家族有龐大的拘束力量，家族的個個成員，確實已增強了他的自立性。

八　地方共同體的崩潰

由於戰後農業的劇變及工業化、都市化之急速進展，原為共同社會的村落性質也隨着產生顯著變化。所謂「地域社會空洞化」、「共同社會崩潰」或「共同社會解體」等譏評，此起彼落，正意味着鄉村共同社會變化之嚴重。

首先就村落社會來說，現在的農家已分解為少數的專業農家與多數的兼業農家。再說非農家而住在農村者，也愈來愈多，甚至有些村落已變成非農家的聚落，僅有少數農家留在其中點綴而已。難怪有人說，昔日單純的農村已不復存在，現今所謂農村實已變成各業人口混居的社會。

根據農業村落的調查，一九六○年時，全國村落的平均結構為，每村落六四戶中，農家有三九戶，非農家二五戶。但一九七○年則每村落平均增至八一戶，其中農家三七戶，非農家四四戶。至一九七五

年，每村落平均爲一一八戶而農家僅三五戶，非農家竟達八三戶之多
（如表二十）。

表二十　業種別集落結構（平均戶數）

類別 年度	專業 農家	第一種 兼業農家	第二種 兼業農家	農家 合計	非農家	總計
1960	13.4	13.0	12.5	39	25	64
1970	5.8	12.5	18.8	37	44	81
1975	4.3	9.0	21.7	35	83	118

資料來源：把「農業集落調查」結果，計算成專兼業別戶數而得。

　　換言之，村落的戶數雖然與年俱增，但農家反而年年減少。一九
七〇年時已不及一半，一九七五年時則已少於全戶數的三分之一。不
過這只是平均數值，不能表示全國境內已無純粹農村之存在。事實上
擁有八成以上農家的村落，在一九七〇年時仍占全國村落的一半以
上；一九七五年時，雖有減少的傾向，但仍占百分之四〇。由此推
論，一九七〇年之後，全國村落的農戶已降至全村落的一半以下。其
原因應爲都市近郊的農村中，非農家戶數急增的關係。但無論如何，
非農家在村落中的比例，已確實增加了不少。目前農家戶數不及一半
的農業聚落，已達三分之一。況且農家中，幾乎不能稱爲農家的第二
種兼業農家的比例，已高達百分之七〇以上。可見村落社會中的異質
分化進行得相當快速。同時也引起村落的社會性格之顯著變化。茲略
述如下：

　　（一）村落組織分化：昔日的村落以地主及專業農家爲中心，無
論生產勞動或生活活動，均保持村落一體的精神。但地主制度已廢止
許久，現今的農村分爲生產商品爲主的少數專業農家，與從事他種職

業但爲了將來退休後的生活，不甘放棄農業的多數兼業農家。他們雖同爲農家，但目標各有不同，生活需求各異，已失去昔日村落一體的精神，再說，自農地改革到經濟高度成長期以前的這一段時間，經營較大的篤農家，尚具領導村落的力量。但隨着農家比重的增加，兼業所得超過農業所得後，這些篤農家也自然失去村落中的領導權威。

　　另一方面，從農村赴都市工作的勞工人數也漸漸增加，他們一時尚無能力在都市購屋定居，而仍回到農村老家來住，每日由農村通勤，因此所謂村落只是一層外殼，在這層外殼之中，混住着各種不同生活方式的人。總之，昔日的農村組織已經分化，當然已失去昔日共同社會的意義。

　　(二) 村落外延擴張：戰後的村落，不但在內涵上產生了分化，在外延上也與外部的其他社會強化了關係。換句話說，鄉村人的生活圈擴張得太大、太快；從腳踏車進步到自用轎車的生活，正是生活圈擴大的最好證明。生產商品的發展與生活水準的提高，更使農村擴大了生活的領域，也使農民的生活接近了都市。兼業農家與非農家的通勤，也使農村與都市的交流更爲頻繁而緊密。更由於一九五三年政府實施「鄉村合併」（町村合併）政策，將鄰近的村落合併成一個市，使其成爲都市的自治形態，都市周邊的農村也因此被中心都市所合併，成爲都市行政區之一部份，於是農村原有的共同社會性質消失殆盡。換句話說，都市與農村已強化接合，現今的農村已非昔日靠農業維持生活的純農業社會。農村中已藏有都市問題；不談農村與都市的關連，就無法理解農村問題。

　　(三) 工廠的侵入：過度集中的工業，使其過密的弊害超過集中的利益時，有關當局就嘗試新工業地區的開發。換言之，計劃把工廠分散各地，以避免工廠過密所發生的弊害。這種計劃付諸實施時，工

業區內的農村結構必發生變化，使農村走向瓦解或荒蕪之途。

　　同時在開發地區之外，也有一些小型工廠，尋求在地價較廉，雇用勞工較易的農村地區謀求發展，以致農村的原有面貌完全改觀。不但如此，因地價高昂，在都市中無法購買房屋的都市青年，紛紛選擇工廠附近的農村居住，更使農村在組織上瓦解，在實質上改變了原來的面貌。

　　以上所述，村落社會的結構變化，雖然各地方的情形不盡相同，但總括一句話，昔日的村落社會已非常少見。村落已面臨解體，村落中傳統的各集團之拘束力也已轉弱而逐漸消失效用，其大概情形如次：

　　(1)原來在各種生活面發揮影響力的集團，幾乎成爲鄉村行政的最末梢單位。

　　(2)村落中傳統的葬儀組織，已幾乎解體，不能發揮功能。

　　(3)宗教信仰衰微，民眾參與各種餘興活動機會增加，宗教講座與宗教信仰的共同生活等制度或措施已漸式微。

　　(4)原在村落中頗有影響力之靑年團或婦女會之功能也逐漸低落，幾乎成爲徒有其名之組織。

　　(5)農協青年部（農業協同組合青年部）與農協婦女部的活動已很難展開，農業會的功能也因農家的異質化而衰微。

　　(6)果農、酪農、養鷄、養鼉等公會或其他共同出貨組織，已超過了村落的組織，跨出了自己的村落，成爲關係農家的團體。

　　總之，村民不分專業或兼業成爲一體，在各種層面合作無間，村落對村民具有拘束力的時代已經過去了。同時因經濟的高度成長所引起的都市化，也改變了都市的結構。如前所述都市人口中的新中間層，與勞工不斷地增加；反之商業自營業層卻漸漸減少。原來混在都

市中生存的家庭工業形態之零星工廠，已很難維持，雖尚有一些殘留者，也有旦夕之憂。換句話說，工商自營業者對本市鎮的影響力，已大不如二次大戰以前，無法保留昔日地方共同社會的性格。更不可能在都市化過程中，成爲典型的地域社會之代表。

再說，在經濟高度成長的過程中，所增加的新中間層與勞工層，或住進舊都市地區與郊外地區新建的民間公寓，或擴散至偏僻的國宅區與新興住宅區。無論如何，他們已脫離舊中間層的支配。

原來在都市負擔高額房租，租居於小木造房間的人們，也漸漸會衡量能力所及，想早日搬離又小又貴的地方，可以說是對該市鎮毫不關心的人。

另外住在偏僻的國宅區或新興住宅區的民眾，也是超越當地勢力者支配範圍的人，不必關心該地區的共同性。新興住宅區的居民，雖有住宅區自治會的組織，但只是透過自治會，要求生活環境的整修，生活福祉的增加，而缺乏共同社會的拘束力與規制。他們的權利意識特強；在要求權利時彼此表示團結，但在生活面則各自尋求自由，變成一盤散沙的個體。所謂自治會只是要求自由與福祉的工具而已。

總之，日本的地域社會，不論農村或市鎮，均比二次大戰以前缺乏整體性，換句話說，已經失去共同社會的強制性與非民主的拘束力。反之各人的自私意識則強烈增加，協力合作的風氣已消失殆盡。因此近幾年來，政府與各界均大聲呼籲社區（Community）的建設，以爲挽救頹風。

地域社會一詞，早在一九一七年，由羅伯・麥克保（Robert, M. Maciver)在其所著「地域社會」（*Community-A Sociological Study,*）中首先提出。經過學術界的分析探討，一致認爲這種社會，並不限於民主地域社會才可實現。然而對現今的日本來說，非民主的地域社會

已經瓦解，如何將一盤散沙的居民，整合而成爲一體，創造一個市民彼此關心與協力的新倫常，正是重要的課題。

　　這種呼聲愈大， 愈顯示昔日富有共同社會特質的村落， 愈趨崩潰。

第三章　現代日本的社會

一　日本人的意識結構

自一九四五年戰敗以來，已瞬經三〇多年，日本社會的確歷經很大的變化；其外在的變化情況，已在前面略述，這種變化實爲居於廢墟及飢餓中的日本人所未能預料，同時他們更不知道，自己的內在意識也無形中，產生鉅大的改變。

然而物質文明的變化雖然迅速，但制度性的文化或精神文化，並不是一朝一夕所能改變。人類的意識或性格，雖然受社會環境變化的影響；但其基本上的意識結構則不單純地受到影響而產生變化。

因此一個社會產生急遽變化前所完成的人格，與變化中或變化後所成長的人格，有着很大的差異。換句話說，明治時代或大正時代生長的一代，與一九四五年日本投降時尚未成年的一代，以及與日本投降後生長的一代之間，在性格上有顯著的不同。然而從人口上看，昭和時代所生長的一代（包含戰爭前、戰爭中及投降後所生長的各代），已超過總人口的百分之八〇。僅以投降後誕生的所謂新生代（即未知戰爭的一代）的人數來說，也已超過了全國人口的一半以上。

因此我們可以說，現代的日本人，由於各世代所受的社會變動各不相同，一方面在保留舊有的性格中，因應社會的變化，另一方面在世代交替過程中，正產生鉅大的變化。換句話說，在一般情形下，分析日本人的性格時，往往分爲戰前、戰中、以及戰後成長的三個世代，也就是明治、大正時代所生長的一代，與昭和十年以前及昭和十年以後成長的世代。他們所受的社會變動的影響各不相同，同時不得不仍在舊有的性格中求變化。因此可以說，現代的日本人具有過渡時期，複雜的社會性格。

茲先概述現代日本人的意識狀態，然後再提及各世代的差異：

前已說過，形成近代日本人性格的舊有家庭制度、村落制度均業已瓦解，身分階層的秩序也早已鬆弛。在這種外在環境的變化中，日本人內在的意識形態也隨着顯著的變化。但仍在新舊意識同時存在的矛盾中。

（一）家庭觀念之變化：第二次大戰前與大戰中，日本的父母總是以「知恥」來教育子女，強調不可做出被人譏笑的行爲。雖然戰後還有幾分這種教育，但一般人在思維上已接近否定這種觀念的程度。根據統計數理研究所實施的國民性調查；對「指導子女不必介意面子問題」的問卷，回答「是」的家長，一九五三年時約四〇％，但一九七三年竟增至七〇％❶。但一方面在「我認爲現在的社會不重視義理人情，實在不好」的問卷中，認爲「是」的家長也有四〇％左右。又在「自己認爲正確時，不管違反社會的常規也要堅持到底呢？或要遵循社會常規呢？」一問中，認爲應遵循社會常規者，在一九五三年的第一次調查中約占三五％，而在一九七八年的第六次調查中則約爲四

❶　NHK 輿論調查所編「圖說戰後輿論史」，一九七五年，日本廣播出版協會。

二％，略有增加的傾向。反之認爲堅持自己的意見到底者，第一次調查時約爲四一％，但第六次調查時已減少到三〇％（如表二一）。

表二一 遵循社會規範之調查

	堅持己見	服 從	看 情 形	其 他
1953	41	35	19	5
1958	41	35	19	5
1963	40	32	25	3
1968	42	34	20	4
1973	36	32	29	3
1978	30	42	24	4

資料來源: 統計數理研究所「國民性」調查。

由此可見「慣習的優位」並未改變。照「孤獨的羣眾」作者李士曼（David Riesman）的說法，日本人一直到第二次大戰中，仍繼續保持着「傳統取向型性格」（Tradition Directed Type），而在投降之後，並未經過「內部取向型」（Inner Directed Type）就變爲「他人取向型性格」（Other Directed Type）❷。

（二）**家庭優先主義**: 第二次大戰之後，雖然「家」制度已趨於瓦解，但一般民眾仍表示重視各人的家庭，希望能在溫和的家庭中生活。根據數理研究所的國民性調查，表示「不考慮財富、名譽而過合於自己興趣的生活」及「過悠閒的生活」者，一九五三年時只占三二％，而至一九七八年時增加到六一％。反之，表示「革除社會的不

---

❷ D. Riesman, *Lonely Crowd*, 1950, 加藤秀俊譯「孤獨與羣眾」，一九六四年，みすず書房。

正，不論如何要活得清清白白」者，在相同年代中，卻從二九％減少
到一一％（如表二二）。

表二二　生活方式（％）

年度＼類別	富裕	求名	趣味	幽雅	清白方正	貢獻社會	其他
1931	14	9	12	4	32	24	—
1940	9	5	5	1	41	30	—
1953	15	6	21	11	29	10	8
1958	17	3	27	18	23	6	6
1963	17	4	30	19	18	6	6
1968	17	3	32	20	17	6	5
1973	14	3	39	23	11	5	5
1978	14	2	39	22	11	7	5

資料來源：統計數理研究所「國民性調查」，1931年為「壯丁思想調查」，1940年為
「壯丁教育調查特別調查」。

　　再根據日本廣播協會（NHK）的民意調查，結果也大致相同，
其大概情形如次：

　　(1)「先考慮社會利益」（社會取向型）……一〇％。

　　(2)「比社會利益更重視私人生活」（私生活取向型）……七八
％。私生活取向型者又分兩種：

　　　　(a)「重視家族團圓」（家庭主義者）……五〇％。

　　　　(b)「重視個別生活」（個人主義者）……二八％。

可見大多數日本人為重視「私生活優先」的家庭主義者❸。

----

❸　NHK 輿論調查所編「現代日本人的意識結構」，一九七九年，日本廣
　　播出版協會。

這種意識在戰後工業化之後，更在各企業中大顯其功能，家庭與企業相得益彰，促進企業與經濟的高度成長，同時企業的成長與經濟的高度成長，也肯定了日本家庭主義團隊精神，在企業經營上的價值。

（三）**對隣居與同事的交際**: NHK 輿論調查所，分別於一九七三年與一九七八年調查日本人對隣居與同事的交往情形，以探尋日本人意識結構變化的參考，其情形如第二三表。

表二三　人際關係意識（％）

交往意識 / 百分比 年度 / 交往種類	形　式　的		部　分　的		全　面　的	
	1973	1978	1973	1978	1973	1978
隣居之交往	15	15	50	53	35	32
同事間之交往	11	10	26	31	59	55

資料來源: NHK 輿論調查所「日本人的意識」調查。

從表中可知，NHK 將交往情形分為三類:

(1)形式性交際: 遇見時互相招呼，交往的範圍僅限於直接的工作關係。

(2)部份性交際: 不太拘束的交誼，工作後也能互話家常，或一起參與活動。

(3)全面性交際: 遇到困難或問題時，能彼此商量，互相幫助的交誼。

調查結果表示，希望與同事做到全面性交際者，兩次調查均達一半以上; 而希望與隣居做到全面性交際者，僅分別為三五％與三二％，竟有一半以上的人表示，對隣居保持「部分性交際」。

這種情形，似乎可以解釋爲「地域性社會」的瓦解，與「職業性社會」比重的增加。甚至可以說，職業性社會已變成日本人委身的重要場所。換言之，日本已逐漸走向以職業爲中心的社會。因爲他們已體認到，個人在職業社會的成功與否，和家庭的幸與不幸，具有密不可分的連帶關係。

（四）能力取向與情緒取向：日本人把傳統的家族主義關係，擴大到工作場所，對工作與企業管理影響至大，然而其在能力與情緒方面的重視比率又如何呢？統計數理研究所曾以下列兩種型態的主管，讓員工選擇以了解重視能力與情緒的問題。

第一類主管：「不會不顧法令規定，令人無理地工作，在工作之外不會照料員工」。

第二類主管：「不顧法令規定而令人無理地工作，但在工作之外時常關心員工」。

結果在一九五三年以來的數次調查中，均有百分之八〇左右的員工，選擇願在第二類主管之下工作。這一類人在一九七八年的調查中，竟高達百分之八七。這個問題在上述 NHK 的交際情形調查中，也有類似的結果。由此可見，日本人仍比較重視情緒取向。難怪日本的企業，一再呼籲協力一致發揚「和」的精神。

但是若把這種情形與他項問卷調查一起比較，則不但可以發現日本人在選擇能力取向與情緒取向之間，沒有多大的差別，而且這種差別程度也依各世代而不同。以對隣居及同事的交往情形來說，舊世代階層（戰前出生者）傾向於全面性交際，而年輕一代則傾向於部份性交際。

有人說，日本人擁有家族主義團隊精神之企業，同時也把這種精神，發揮在象徵員工一體的「勞工工會」（勞動組合）之中。因此始

能對企業與工會，盡雙重的忠誠而不產生矛盾。這才是日本經濟發展的重要因素。然而被人稱爲「猶如工蜂不怕辛苦工作」的日本人，近年來在工作上也有不如往昔努力，令人感慨的一面。如在一項「希望比別人多工作」或「與一般人做得一樣就好」的問卷中，表示希望比別人做得更多者，一九五五年時有五〇％左右，而比「希望與一般人做得一樣」的人多一些。但一九七四年，這種比率已有很大的變化；表示「希望與一般人一樣就好」的人竟高達七〇％。

又根據 NHK 一九七三年與一九七八年兩次的「日本人之意識調查」，表示「工作優先取向」者雖然有四〇％之多，但我們不能忽略表示「工作與餘暇同樣重要」的人有二五％，表示「餘暇優先取向」者也有三〇％左右。另外在 NHK 有關職業意識的民意調查中，對「犧牲自己的生活至某種程度，也要公司（機關）盡職」的問卷表示：

(1)「我一向都這樣做」……二五％。

(2)「我大致都這樣做」……四四％。

兩項合計達六九％之多，但對「生活的意義在工作，或在工作之外的活動」一問，回答「從工作中體認生活的意義者，一九六七年有五四％，但一九七四年爲四六％，一九七八年則僅爲三七％。可見日本人對工作的價值觀，已產生了變化❹。

（五）**國家社會意識**：現代的日本人，大致上說是爲家庭與工作而活，對其他的社會則已缺乏關心。第二次大戰以前，日本人抱着國家至上的觀念，忠君愛國的意識可以說達到最高境界。但投降之後，首先打破了天皇的神格化，後來經過了飢餓邊緣的殘酷生活，再因工商業的復興，而使功利主義彌漫整個社會。這可以說是意識觀念的一

❹　NHK 輿論調查所編「日本人的職業觀」，一九七九年，日本廣播出版協會。

大轉變。在 NHK 民意調查的問卷中，對「爲國家的富強可以犧牲某種程度的個人自由」一問，回答「是」者，一九五六年時尚有五〇％以上，但一九七五年則僅占三〇％而已。另外認爲「天皇爲神，或一般以上的人」者，第二次大戰以前有八〇％以上，但一九七八年時僅爲三〇％。換句話說，有一半以上的日本人，已對天皇的存在，抱着「沒有什麼好或不好」，即沒有什麼意義的態度。如果根據幾種民意調查的資料，分析日本人對天皇的尊敬或未具感情等情形，則以一九三三年前後出生的人爲交界點而有顯著的不同。換言之，一九三三年以前出生者，尊敬派占大多數；反之，一九三三年以後出生者則未具感情占大多數❺。由此可以推敲，今後隨着時代的推移，無感情派必會繼續增加。這一點不能不說是戰前與戰後，日本人意識之重大改變。

表二四　對天皇的感情（％）

	尊　敬	好　感	無感情	反　感	其　他
1973	33.3	20.3	42.7	2.2	1.4
1978	30.2	21.9	44.1	2.1	1.5

資料來源: NHK 輿論調查所「日本人的意識」調查。

二　現代日本的階層結構

日本於第二次世界大戰投降之後，所謂「地主階級」已從社會中消失。誠然，地主早在資本主義經濟發展中漸趨式微，至昭和時期已失去過去支配日本社會的權勢，不能再列爲社會的支配階級。但地主階級的消失，不能不說是日本社會鉅大的變化。

❺　同❸。

茲根據國勢調查及其他資料可知，投降當時，日本社會中，自營業主階層約占六成，換句話說，舊中間層的比率占大多數。詳言之，一九五○年，從事生產勞動的勞工僅占二○％，薪水階層也不過是一二％。但後來因農林業人員的比重年年減少的關係，原來約占六成的自營業主層，於一九七五年時已僅剩三成左右。勞動階級則反而增加至六成以上。自營業主層與勞動階級的比重正變成相反。同時薪水階級也從一一‧九％增加到二一‧三％，將近兩倍，從事商業與服務業的所謂「不生產勞工」也從四‧三％增加到一一‧五％，比率約增加三倍（如表二五）。

表二五　日本的階級結構（%）

	1950	1955	1965	1975
資本家階級	1.9	2.0	3.6	5.9
自營業主層	58.9	53.2	38.3	29.4
從事農林漁業者	44.6	37.7	23.0	12.7
從事販賣服務業者	7.1	8.5	7.8	7.8
專門性技術職業	1.0	0.9	1.2	2.1
勞動者階級	38.2	43.6	56.9	63.3
薪水階層	11.9	12.5	17.0	21.3
生產的勞動者	20.0	22.4	29.2	28.2
不生產的勞動者	4.3	6.8	9.3	11.5

資料來源：1950 65 年爲錄自大橋隆憲「日本的階級結構」，1971年，岩波書店出版。

約而言之，現代日本的階級結構爲一小撮的資本家爲頂點，由一成餘的農民與不及一成的所謂「舊中間層」的自營業主層、兩成左右

的薪水階級及少數的專門技術人員之所謂「新中間層」，以及四成以上的勞工所結成。話雖如此，表中的數字爲配合統計上的方便，將國勢調查結果整編的結果，事實上不一定能明確代表各種實態。茲說明如下：

（一）資本階級雖然自一・九％增爲五・九％，但表中的資本家階級乃以公司爲準，也涵蓋了若干公司高級幹部。

（二）自營業主層中，經營的規模大小不一，從他們的所得看，也包含了一些比勞工階級更低者。

（三）所謂資本家階級的觀念與二次大戰前不同，現代的大部分企業，均由「專門經營人員」管理。二次大戰後，日本舊有的財閥已經解體，雖然工商業復興後大部份又統合再生，但所謂資本家的比重已大爲降低。關於此點，萬成博先生表示，由專門經營人員管理的企業，明治初期約占二〇％，大正時期約占四〇％，至一九六〇年時已超過了七〇％[6]。

（四）在勞工階級方面，因事務薪水階層與生產勞工之所得已日漸接近，幾乎沒有「白領階級」與「藍領階級」之分別。但在心理上仍存有隔差。

由此可知，雖然在習慣上仍分爲三個階級，但實際上各階級的實態至爲複雜。所以爲了方便起見，我們還是依照慣例，以階級結構爲前提，來看日本社會的階層結構：

第一、支配階層：

日本社會的支配階層，應指中小企業幹部之外的一小撮獨占企業的經營者爲主體。目前在日本營利法人企業組織中，資本額占一〇億圓以上的企業公司，約二一四〇家，僅占企業公司總數之〇・二％；但其資本額卻占全國企業公司總資本額之六五％，即少部份的企業，

[6]　萬成博著「ビジネス、エリート」，一九六五年，中央公論社。

占全國大企業資本的大多數。換句話說，支配這些巨大企業的少數經營者為驅動日本社會的主要力量。而與這些資本家有密切關連的保守黨政治家及高級官僚，卽屬於日本社會的支配階層。

第二、中間層:

日本社會的中間層，包含中小企業主與所謂「白領階級」的上層管理人員，以及專門技術職業形態的「新型營業主」。日本近代史上所謂「小支配階級」的舊中間層之權力已顯著減退，同時因中小地主層之消減，中間層之範圍也自然更為縮小。雖然如此，中小企業主一直扮演着地方利害與政治權力之間的媒介；白領階級的上層管理人員也處於大企業與零星企業之間，挑起其仲介機能。從這方面來說似與戰前的傳統無什麼兩樣，但一般而言，戰後中間層的勢力已逐漸減少，對下層（被支配階層）的掌握權力也漸趨轉弱。同時更因被支配階層人數之增加，以及結構上之複雜，而使其對被支配階層之指導，更為費力、更為困難。

第三、被支配層:

日本投降後，被支配層的所謂勞工階級，不但在量方面顯著增加，在結構上也較為複雜。如在農民方面，自立經營農家只不過占一成左右，其他都是有固定兼業，生活較為寬裕的自耕農家，與不能自立，也沒有固定兼業，生活較苦的農家。因此雖為同屬農業層，但其生活水準，工作情形，權益觀念卻各有不同。又在都市的自營業主方面，除在小地方充任小支配層的中小企業主之外，也包含尚能維持安定生活的自營業主，與靠家族人口勞動、經營不安定，時常面臨開業與廢業的浮動層。另外還有占大多數的藍領階級，雖同被列為被支配階層，但從其工作性質及心態看有下列兩種差異:

1.大企業的勞工與中小企業的勞工，或零星工業的勞工的薪資格

差，已比戰前顯著縮小，但因其工作環境不同而其心態也不完全一樣。

2.工業自動化之後，生產勞工的增加已漸緩慢，反之從事販賣業、服務業的所謂「不生產勞工」大量增加，在勞工階級中占相當大的比重。所以在名稱上雖同為勞工，但因工作性質與一般勞工迥異，其心態也不同，甚至有人自認不屬於勞工範疇而與勞工劃分界線。

換言之，屬於下層的被支配階層，工作種類繁多，成分也複雜分歧。但具有一個共同點，那就是戰後生活水準均已提高。因此若從社會結構上看，雖然中間層縮小而被支配層有增大之傾向，但在意識上，大部份被支配層卻因消費水準之提高而自認為中階層之一員。

根據第二次大戰後多次的民意調查顯示，對「你家的生活程度屬於①上、②中上、③中、④中下、⑤下的那一項」問卷中，回答「③中」者，一九五八年尚不及四成，但以後有繼續增加的傾向，一九七九年時已達六成之多。一九八〇年雖因實質工資之減少而稍有減少之現象，但還超過了一半。若把答「中上」、「中」、「中下」合起來計算，則自一九七〇年的高度成長期以後，每年均在九成上下。可見百分之九〇的日本人，均自認已屬於中流階級（如表二六、二七）。

表二六　階層歸屬意識

	上	中上	中	中下	下
1958	11	3	37	32	17
1965	5	7	50	30	8
1975	5	7	59	23	5
1980	1	7	54	28	7

資料來源：總理府「國民生活」調查。

表二七　　階層歸屬意識

	上	中上	中下	下上	下下
1955	0.2	7.1	35.4	38.6	18.8
1960	0.4	12.8	43.5	33.8	9.5
1975	1.2	23.3	53.7	17.6	4.2

資料來源: 富永健一編:「日本的階層結構」376 頁。

　　因此從意識結構上看，　增加的不是下層的被支配階層而是中間層。另外日本社會協會，於一九五五年應國際社會學會之要求所作的研究，以及一九五五年以後，繼續追踪的「社會成層移動」（Social stratification and mobility）調查，也有類似的結果❼。但在這個調查中，分爲「勞工階級」、「中產階級」、「資本家階級」設問，則約有百分之七〇的人認爲屬於勞工階級，而認爲屬於中產階級者，僅約百分之二五而已（如表二八）。這個數目與前面的從生活程度衡量，自認已屬中流階級者相差很大，可令人覺得奇異，但我認爲這個現象正是如何去了解日本政治結構的關鍵。換句話說，自認爲勞工階級的大部份民眾，同時也認爲屬於「中流階級」（中間層）。在消費水準不斷提高的社會生活中，一面受着生活上各種不平衡的不安，一面卻沈醉於「中流」的滿足。這些人每日必須爲生活而辛苦勞動，一旦遭受不測之災時也尚無安定生活之能力，然而既認自屬於中流階級，在投票行動上就較容易隨着資產階級支持保守政黨。

　　最後我們更不可忘記，「中間層」意識雖然這樣膨脹，但仍有百分之五左右的人，自認還屬於「下層」或「下層的下層」（如表二

❼　富永健一編「日本の階層構造」，一九七九年，東京大學出版會。

表二八 階級歸屬意識（%）

	資本家階級	中產階級	勞工階級
1955	1.4	23.1	75.5
1960	3.4	31.4	65.2
1975	4.9	24.1	71.0

資料來源: 富永健一編「日本的階層結構」385 頁。

七）。這些人位於日本社會結構中的最下層，是一羣最沒有享受到經濟高度發展的恩惠的羣眾。他們之中包含有一‧二%的「生活保護戶」，與隨時可能轉落爲「生活保護戶」之極下層家庭約一‧二%，這個階層的羣眾，才是眞正位於被支配階層的底邊，不但未享受到經濟高度成長的恩惠，反而受其影響，增強其貧困意識的人。

三　「保守」與「革新」的逆論

日本投降後，前幾年的所謂「社會激動期」，政治方面的變化極大。在政黨方面，戰前的政友會與民政黨兩黨，更改黨名後加以重編而成爲保守政黨。另外在戰前毫無名氣，也沒有多大作用的所謂「革新政黨」，也在美國占領軍的民主化政策下快速成長。不但如此，雖然是短期間，但曾一度成立了社會黨與保守黨的聯合政權，這也是日本歷史上從來沒有的現象。

然而自一九四九年，自由黨在全國大選中獲勝之後，日本的政治權力已不再一味遵守占領軍所頒布的民主制度，而致力於如何使民主制度適合於日本國情。換句話說，保守黨已不再固步自封，反而採取

革新政治的姿勢，想改革美國式的民主制度。反之在野黨——在野的革新派政黨，反而主張保護在占領軍占領體制下頒布的憲法，兩黨均成爲政黨性質與實際政策相反的政治情況。這種情況又隨着「保守」與「革新」任何黨派的聯合政權而更趨於固定化，終於成爲戰後日本的政治體質。所謂「一九五五年體制」即其典型，玆述如下：

日本投降後，在戰時中成立的「大政翼贊會」體制隨之瓦解，所以投降後的前十年，可以說是複雜的多政黨時代。無論保守政黨或革新政黨，離合集散至爲頻繁。但這種多政黨時代，終於在一九五五年，因分裂的社會黨再統一，以及保守派聯合成爲自由民主黨而告一段落。

保守派的聯合，與其說是政治問題，無寧說是經濟問題，背後的經濟問題才是重要的原因。因爲韓戰的需要，美國迫使日本復興工業，於是日本的企業界與財政界，強烈要求保守黨聯合，打出「已不是戰後」，「技術革新」(Innovation) 的口號，領導日本從經濟復興期轉向成長期。

從此開始，日本在政治上進入保守與革新兩大政黨的對立時代，說正確些，應是一個政黨與半個政黨之對立，而這種在保守黨壓倒性的勢力下的對立，繼續了好幾年。換句話說，在保守黨支配的體制下，革新政黨的護憲勢力，一直停滯在三分之一左右，不但沒有發展，反而又產生分裂。在不安定的情況中，新成立了「公明黨」，同時共產黨的勢力也頗爲增大，結果又分歧爲多黨化。在這種在野黨分立的情況下，更促使保守支配體制團結而穩固。

保守派支配下的日本政治，具有一方面「保守美日安保體制」，一方面趁機修改憲法的特質。一九六〇年改訂「安保條約」即爲這種體質的強烈反應；雖然執政黨強行改訂「安保條約」之非民主作風，掀起一場暴動，但保守政治後來仍謳歌安保體制，一面積極追求技術

革新與經濟發展。於是日本的社會結構，在與年俱增的國民總生產額與國民所得，以及消費水準中，產生顯著的變化。其最顯明的事實就是工業化的快速發展與勞工人數的急遽增加。然而社會結構雖然改變，一九六〇年代的日本政治，仍在保守政權中穩定成長。因為支持保守黨的基盤之一的農村與都市附近的小型商業社會中，依然存續着保守支配的精神；反之，應該支持革新政黨的勞工，卻產生不關心政治的現象。所以在工會組織未發揮機能，也未有其他聯合的力量之情況下，使保守政權得以繼續保有安定的政治生命（表二九）。

表二九　眾議院議席數的推移

政黨＼年月	1958年5月	1960年11月	1963年11月	1967年1月	1969年12月	1972年12月	1975年11月	1979年10月	1980年6月
自 民 黨	287	296	283	277	288	271	249	253	286
社 會 黨	166	144	144	140	90	118	123	107	107
民 社 黨		17	23	30	31	19	29	36	33
公 明 黨				25	47	29	55	58	34
共 產 黨	1	3	5	5	14	38	17	41	29
新 自 由俱 樂 部							17	4	12

〔註〕無所屬議員數省略

不庸贅言，保守黨的金城湯池是農村地區；雖然日本投降之後，農村已經過農地改革，情形與戰前大有不同，農民也不必依順地主，支持地主層所支持的候選人，但大部份農民仍支持保守黨的候選人，投保守黨的票。所以農村依然是保守派最堅固、最大的基本地盤。所不同的是，維持這個地盤，要花相當高的代價。戰前只要能掌握一小撮的地主層，就能保障獲得該地區的票源；現在則需要與普遍而多數

的農村有力人士保持密切關係，才能獲得支持。換句話說，支持與否與地方利益密切相關；如對道路橋樑之修建，地方建設補助金之爭取等。若無努力以赴，時常表示對該地方的關心，透過農村有力人士拉票，則無法得到該地農民的支持。因此國會議員不得不將這些地方人士編在助選組織之中，經常爲鞏固地盤出錢出力，並且奔走於政府與地方之間，甚至支持一些地方有力之士，當選爲地方縣市議員，再透過縣市議員支持某些人爲鄉（鎮）民代表（卽市町村會議員），成爲一系列的緊密組織。當然這種政治活動，需要龐大的經費，在一般情況下，這批政治資金均靠「政黨」本身的政治資金徵集團體，或派閥領袖，或自己本身，從企業團體募捐應用。因此政治必受大企業的影響。農村的選民，雖然明白這個道理，但仍然以地方利益爲優先，在有力人士之說服下，支持某種候選人。這些有力人士或爲機關首長，或爲地方縣市議員，或爲鄉鎮民代表。他們均以能否替國會議員掌握該地區的多數票而表示自己在地方的聲望及政治力量。同時也藉這種表現，向國會議員爭取地方的建設經費，增進地方的利益。

　　至於都市附近的小商業地區，也與農村的情形一樣，曾爲保守派的大地盤。以自營業爲主體的市議員，一方面爲自己擁有的地盤服務，一方面與上級的都道府縣議員保持密切關係，透過他們成爲國會議員的助選組織之成員。如此他們才能維持其議員的地位，成爲地方政治的主角之一而滿足自己的政治欲望。同時他們爲了確保自己的地位與滿足感，必須爲其派系頂端的國會議員之選舉努力不懈，使其當選。

　　但這個保守派的地盤，也因大都市附近的小商業區社會之漸漸瓦解，與受雇勞工之增加，使保守黨地方議員的集票力量有減低的傾向。不過至今仍未失去其地盤的影響力。換句話說，雖然大都市的受雇勞工增加，但因實施大選舉區制度，農業縣的比重大而未受太大的

影響。除了幾個大都市之外的多數都市，仍爲保守黨占優勢，且愈至鄉村，保守黨的優勢愈明顯而堅固。這種情況正是支持日本保守派政權的社會力量。

另外主張保護「新憲法體制」。名爲革新而實爲保守的「革新派」方面，雖然其支持基盤之一的勞工階層相當膨脹，但確無法確保他們的支持，更沒有辦法打破市鎮村落支持保守派的有力結構。一九五五年，「保守」「革新」對立的體制成立時，日本政界本對社會黨寄予很大的期望，但因自民黨經濟成長政策之成功，而使這個期望完全變成泡影。社會黨「保護憲法」的基本路線，與左傾公式主義的貧窮化社會主義革命路線，也因經濟高度成長及人民生活水準之提高而崩潰。進一步言之，社會黨未能因應隨着急遽的工業化所引起的社會結構之變化，制定有效的政策，擴大其支持基盤。何以如此？

原來日本投降時，革新政黨的大部份國會議員都屬於戰前的社會主義運動者，但隨着時間的推移，逐漸由從事勞工工會運動的人士所替代。同時又因支持社會的基盤爲勞工工會，隨着勞工工會出身的議員增多，其性格也逐漸固定爲工會政黨。不但如此，支持保守派而且替保守派徵集政治資金的財閥，如「經團聯」（經濟團體聯盟）、「日經聯」（日本經濟聯盟）、「日商」、「經濟同友會」等各團體均一絲不亂，加強團結，支持保守派時，支持社會黨的勞工團體卻分裂爲「總評」、「同盟」、「中立勞聯」、「新產別」等各團體，各派觀念上之差異，更導致社會黨的分裂。社會黨在這種勞工團體分裂對立之下，當然無法對抗財界所支持的保守黨，至爲明顯。

另外在勞工心態方面，也隨着經濟之成長，傾向於「超政黨」的「超革新主義」。日本的勞工雖爲工會的成員，但原就具有職業本位的企業中心主義，無論對工會及企業，均持耿耿忠心。因此不能團結

一致支持革新政黨。況且約有七成的勞工未參加工會組織，工會會員
更不會與非會員廣泛連繫，以瓦解支持保守派的結構。

於是社會黨的支持率，不但未獲增加，反而減少。換句話說，社會
黨不但未能擴增勞工的支持，在經濟成長的過程中，一度米賤傷農，
對社會黨最為有利時，也只能與保守黨一般，呼籲提高米價，而無法
增加農村的支持力量。更在社會經濟結構的演變中，未能提出針對時
弊的有效政策，當然使表面革新實則保守的「社會黨」與表面保守實
則革新的「自民黨」無法對抗。

最後社會黨的基盤，不但因民社黨的分裂而萎縮，更因共產黨組
織之擴大而受到威脅。另外本來可以新開拓之都市舊中間層，也被公
明黨所掌握而去，不必說要瓦解保守黨的基盤，革新政黨本身的地盤
早已被分解蠶食，日本政界逐進入多黨化時代。

四　支持保守政治的力量

日本投降之後的政權，除了一九四七年五月至一九四八年二月的
片山內閣與一九四八年三月至同年十月的蘆田內閣，為革新保守聯合
政權之外，其餘均由保守黨（自民黨）連任。其掌握政權期間，已達
三十餘年之久，支持保守政權持久連任的力量，不外下列四點：

（一）**財界的有力支持**：日本的財界不但每逢選舉就投下龐大的
「政治獻金」（競選資金），而且平時更支持執政黨實施巨額的財政
投資與企業優遇稅制。

（二）**鄉村居民**：戰後地方共同體雖然已不如戰前那麼團結有
力，但因保守黨的政策一直保護自營業主層，所以這些居住於小都市
及鄉村的居民，為保持原有的生活方式與事業，一直投票支持保守

黨。

（三）**農民的支持**：日本投降後，大都市圈的人口雖顯著增加，但選舉區與當選名額之劃定，仍以農業縣的比重爲高。因鄉村爲自民黨之基本地盤，使自民黨候選人較易當選。

（四）**中流階級意識之滋長**：除了上面三個因素之外，日本人中流階級意識之滋長，也是保守黨連任的一個原因。在工業化的過程中，自營業主雖然逐漸減少而受雇勞工相對地增加，但如前所述，約有七成的國民一面認爲自己屬於勞工階級，一面又認爲自己的生活水準已屬中流階級。這種自認屬於「中流的中階層」的人，在一九五〇年代末期僅爲四〇％，而至一九七〇年代後期時已增至六〇％，而至一九七〇年代後期時，已增至六〇％以上。若再把「中上」和「中下」合併計算，則自認屬於中流生活的人，竟高達九〇％之多。在這樣豐富的生活情況下，除非革新政黨特別有什麼貢獻，絕不會增加其支持力量。

這種「中間層」意識，到底如何產生的呢？一言以蔽之，就是高度的經濟成長，也就是保守政權，一切爲富國的「革新政策」使國民所得增加，提高了消費水準所致。

誠然，日本經濟的高度成長，改變了日本人傳統的消費生活。日本人在投降以前均認爲消費是一種「惡德」，但現在已絕不再說消費是「惡德」了。又因社會保障水準較低，日本人的節約儲蓄性向較強，但戰後利用大眾傳播的買賣活動大爲風行，將農村及都市的消費水準全盤提高（如表三〇）。

然而日本投降時，人民的生活水準受糧荒的影響大幅降低。剛投降時竟降至昭和初年的一半；因糧食不足，三餐不繼，人民挨餓，幾乎臨於死亡邊緣。但十年之後，消費水準就回復至第二次大戰前的水

表三〇　消費水準 (1965＝100)

	全　　國	非　農　家	農　　　家
1960	77.1	78.9	72.8
1965	100	100.0	100
1970	131.8	126.7	146.9
1975	155.8	143.8	194.1
1978	164.5	150.6	211.2

　　資料來源: 經濟企畫廳調查局統計課「消費水準」。

準。以後更繼續增加。

　　一九五三年大戰還沒有發生時，農家的恩格爾係數爲五〇❽，都市的勞工爲三六，但至一九六〇年前後，已無都市與鄉村之分，均約四〇，現在則都市爲三〇，農村爲二五。由此可知日本人的消費結構，已隨着糧食消費之降低而提高了品質；簡略地說，一九五六年前後，經濟開始復興時，洗衣機、電冰箱、電視機等家庭電器，被比喻做三種傳國國寶(三種神器)，只被少數人所有，非常珍貴。但沒有幾年之間，立卽成爲社會大眾普遍的用具，人民的生活不但開始傾向於

---

❽　恩格爾係數 (Engel's Coefficent)，根據恩格爾法則，糧食費用占總支出的比率，謂之恩格爾係數。卽所得越多，支出於糧食費越少，所得越少，支出於糧食費越多。
　　(恩格爾法則，Engel's law，德國統計學者恩格爾，於一八五三年至一八八〇年期間，調查比利時勞工生活，作成統計的一個法則指出: 所得的分配，適應所得階級爲一定的比率。此比率依照所得的增加而表示變化。將所得之支出項目分爲糧食費、衣服費、燃料費、教育、衞生、娛樂等文化費。①糧食費的百分率隨所得的增加而減少。②無論所得增加如何程度，衣服費比較不變。③無論所得增加如何程度，住宅費、燃料費的比率是一定的。④隨所得之增加，文化費的比率急速增加。

電器化，而且傾向於西洋化。不但食的生活改變，連家具、被服等各種日常用品都與前不同。至一九七○年代則更爲進步；轎車 (Car)、彩色電視機 (Color T. V.)，與冷氣機 (Cooler)，在社會上被稱爲三C而被家戶所樂道。尤其轎車急速普及民間，擁有自用轎車的家庭已占六○％。換句話說，在短短幾年中，擁有耐久消費器材之比率已直線上升，人民的生活消費也更高度化與多樣化。

除此之外，生活費中的雜費顯著增加，這種情形在農村尤爲顯著。高中（職）的就學率約達九五％，大學的就學率也約占了四○％等，均表示休閒生活費用之增加。家家戶戶雖然爲籌措子女教育費而費盡苦心，但總覺得孩子至少應完成大學教育。接受大學教育已不是一些特殊階級子弟的特權，而是一般民眾普遍而普通的觀念。

又過去一般人總以爲躺在家裏看電視爲休閒生活，但近年以來均能積極地尋找更有意義的休閒活動。尤其戶外運動與旅行觀光大爲風行，據統計，做過外宿的旅行者，每人平均約有一‧四次，超過四夜以上者已達三分之一，同時家族旅行的風氣也愈來愈盛。

在這種情形下，國民對生活的滿足度甚高，根據總理府有關國民生活的民意調查，表示對「現在生活感到滿足」的人，在一九八○年時占百分之六○以上，難怪具有「中間層意識」的人數，愈來愈多。換句話說，保守政治能給人民安定、富裕……當然人民不會產生改變政權的意識。這是自民黨所以能够長久掌握政權的主要因素。

然而急速進展的經濟高度成長，雖然提高了國民的消費水準，但仍無法改善全盤的生活而產生新的貧窮感。例如住在兩個小房間的國民住宅之薪水階級，卻爲了假日郊遊購買轎車；或租居在六個榻榻米大的小房間裏，裏面要擺設各式各樣的家庭用具，剩下狗窩似的一個小空間做爲就寢之用等，不平衡、不協調的現象一直並無改變。換句

話說，耐久性消費器材，雖然已普及到歐美的水準，但因過去的貧困，無法改善全面的生活。

日本的住宅資產，大約僅占美國的十分之一，西德的三分之一左右。因此國民對住宅的問題較為不滿，加上生活環境的公共設施比先進國家緩慢，增加了國民對政府的不信任，雖然這種不信任還沒有達到反對保守政治體制的程度，但會激起離反的情緒。前已說過，雖然「中間層」意識支持了保守政治，但可以說僅止於消極的支持，對鄉村自營業主為主體的保守黨之基本地盤，未產生積極性反抗意識而已。

因此自經濟高度成長末期以來，國民對保守黨的支持率，似有漸趨降低的傾向；茲以眾議員選舉的自民黨得票率來說，一九六七年以前均超過五五％，而一九六七年時降至五〇％以下，以後各次的選舉均徘徊在四〇％左右。尤其愈大的城市，受雇勞工的比重愈增加，對自營業主層之集票能力也愈減低，零星自營業主層更有支持公明黨或共產黨的現象。這些都是自民黨得票率減低的主要原因。

概略言之，自民黨的支持率，從一九六〇年代起開始減少，至一九七〇年代減少的情形更加嚴重。依據各種民意調查結果如表三一，明確表示支持自民黨者，已從四成降至三分之一左右。

然而在日本的政治舞臺上，自民黨執政仍穩如泰山，不用說「保守、革新會倒轉」，連執政黨與在野黨也都沒有改變。其原因固然在於鄉村票與都市票之重要性不同，但最主要者還是在自民黨支持率的降低，未直接變成在野黨支持率的增加。不僅如此，平時誇稱在野黨第一的社會黨，也有支持率降低的傾向。也就是說，從一九六〇年代，二成以上的支持率，長期性的減低而至一九七八年時，其支持率僅剩一成多而已。若把這兩種情形歸納起來，似乎可以找到一個答案，即

表三一　支持政黨

	自民黨	民社黨	社會黨	共產黨	公明黨	新自由俱樂部	無所屬	其他
1953	41	—	23	0	—	—	19	17
1958	38	—	21	0	—	—	20	11
1963	43	3	22	0	2	—	22	8
1968	41	4	22	2	4	—	21	6
1973	33	3	17	3	4	—	33	7
1978	34	3	14	3	4	1	34	7

資料來源: 統計數理研究所「國民性」調查，1953年的數目為自由黨與改進黨及左右社會黨的合計。

「沒有支持的政黨」之選民增加，而這種選民之大部份為年輕一代。從表三一中可以看出，表示未有支持政黨的人，已從二成左右增加到三成以上，這一批浮動票，一旦在選舉時還是傾向於支持自民黨為多。在一般情形下，約有一成以上投票時支持自民黨，使支持率僅三分之一的自民黨獲得四成以上的得票率。

　　如上所述，自民黨的一黨支配並非平安無事，而從一九七〇年代經濟開始低成長之後，其支持率也降低了。雖然在歷屆選舉中，躲過在野黨的奪權，也躲過了黨的分裂，但無法避免派閥的抗爭。而且自民黨內部派閥之抗爭只有愈演愈烈。又由於選舉時花費龐大的經費，產生「金權政治」的體質。導致許多黨與政治的腐敗，顯露出自民黨的弱點。於是一般人認為早該發生的「政權交替」，定在一九八〇年代後，會成為事實。但事實上自民黨在每次選舉中，一直繼續獲得壓倒性的勝利。其主要因素為在野黨在聯合政權的構想中，產生摩擦而引起社會不安，反而提高投票率，使「未有支持政黨」的浮動票，轉

而支持自民黨所致。所以「未有支持政黨」層,反而有減少的趨勢,而減少的部份正爲自民黨增加的部份, 使自民黨的支持率超過了四成。

　　然而無論如何沒有人可以保證自民黨一黨支配的政治 能 永 遠 持 續, 假若自民黨發生嚴重的分裂, 在野黨在某種特殊的情況下和諧合作, 也許這一羣浮動的票源,「未有支持政黨」階層的投票對象也會產生變化。同時若因能源拮据而導致經濟發展的困難, 則現在對自民黨政治未感不滿的人民, 或也因當時的情境而希望新政權的誕生。在這種前提之下, 一九八〇年代後期, 也許會在支持自民黨的結構上產生一些變化。果眞如此, 則意味着一黨支配的結束而聯合政權的開始。但日本人與日本社會早已習慣一黨支配的模式, 對多黨的聯合政權是否能適應, 或者會因不適應而導致政治的更混亂而影響日本的富強。其實際情形如何不得而知, 端賴自民黨本身的團結與行政革新是否能促進日本社會繼續繁榮而定。這樣說來, 一九八〇年代後半, 也許就是左右日本將來的一個重要轉捩點。

五　經濟建設與社會建設

　　日本自明治時代以來的「強兵富國」政策, 在第二次大戰中遭受失敗而面臨滅亡的危機。因此保守黨在戰後一直採取放棄「強兵」而全力邁向富國的政策。 雖然形式上也有所謂 「自衞隊」, 但無論人數、裝備, 仍不足保衞自己的國土。其預算絕非大戰前的軍費所比。政府幾乎沒有軍事經費的負擔, 於是保守黨將所有經費集中在公共投資, 確立生產基礎, 導致經濟的高度成長, 而經濟高度成長也保證了自民黨長期的一黨支配。

　　戰後的經濟成長始自一九五五年, 「保守、 革新分立」, 所謂

「一九五五年體制」開始之期時。從這時起,國民生產額(GNP)增加非常迅速。茲爲方便計算起見,假定當年的國民生產額爲一○○,則一九六○年時已增至一六八,緊追在世界先進國家美國、蘇俄、西德、英國、法國之後,幾乎與義大利並駕齊驅,占全世界第六或第七位。然而當時的民眾尚未有「富國意識」,只一心一意改善自己的生活,爭先恐後購買電視機、電冰箱、洗衣機等家庭電器用品。同時日本的道路,大部份還是舖石頭的所謂「算盤道路」,沙塵滿天,只是來往的汽車班次比戰時稍爲增加而已。日本民眾只有「擺脫戰敗的飢餓與廢墟」的感覺,而還沒有所謂「富國」的思想。

一九六○年之後,經濟成長的速度更爲迅速,不但在太平洋沿岸,就是在其他比較偏僻地區也建設了新產業都市,全國實施地方開發政策,經濟的開發更爲積極,全國也因此邁向工業化。因此國民生產額飛速增加,約每五年增加一倍。至一九六五年時,已趕上英國與法國的水準,晉至世界第四位。一九七○年時更增加到一九五五年的六、七倍❾。

可見「生產第一主義」的努力,比預定的進度更快地達到了目標;但也因其快速進展而產生種種社會問題,使提倡「國民所得倍增政策」的首相,俯首承認社會問題的重要性而改變政策。同時當一九六三年,政府正熱衷於地方建設發展新工業都市時,日本人口問題審議會提出「從人口問題的見地,論有關地方建設之注意事項」一文,指出「過度重視經濟成長導致國民生活之不正常」,強調經濟中心主義建設中,社會建設的必要性。於是「社會建設」一詞,第一次被用

---

❾ 根據一九八三年五月底,世界經濟高峯會議的資料,一九七七至一九八二年,日本的每人生產量,平均增加了一九‧四%,躍居世界第一(天下雜誌第二七期)。

在「公文書」上，受到政界的重視。

「社會建設」一詞，最先見於聯合國的 Social development，通常都被譯爲「社會發展」，是一句極爲普通的名詞。一九五七年，聯合國經濟社會理事會，在世界情勢報告中，提出「經濟發展中，社會建設的重要性」，更於一九六一年末的聯合國大會中，對經濟建設與社會建設兩者的平衡（Balanced economic and social development），曾做成決議。這種構想導進日本之後，對應 economic development 之稱爲經濟建設（原文爲經濟開發，不僅經濟發展），也把 social development 稱爲社會建設（原文爲社會開發），含有促其發展之意而特別重視建設。

自聯合國有了這種構想之後，曾致力於促進未開發國家與開發中國家的經濟發展。但遭遇到因教育水準低劣的無知，身分階級性的社會結構及呪術性宗教、迷信等阻碍。於是發見在發展經濟以前，必先開發人類的能力，整備社會上各種條件，否則經濟建設也非常有限。換言之，一般認爲推動工業化爲主體的經濟建設之後，人類社會也自然能步出現代化的想法，被廣泛的反省而共認「同時推動社會建設，更能使經濟建設走上軌道，順利而有效」。於是社會建設成爲一九六〇年代聯合國的重要課題。但這個課題導入日本時，日本已不是開發中國家，聯合國的對策不盡適合日本的需要。如日本當時的問題爲教育素質的提高，教育投資的增大，而不是義務教育的普及；是社會保障內容的充實，而不是社會保障制度的建立。以當時日本的經濟發展與社會發展的均衡情形來說，生產爲第一流，國民所得與消費爲第二流，住宅等生活環境則屬第三流。所以經濟與社會建設的平衡才是重要的問題。換句話說，近代日本的發展，實爲犧牲社會建設而偏重於經濟建設，使原來就落後的社會建設與經濟高度成長的偏差現象合而

為一，擴大了經濟成長與社會問題的矛盾。

　　然而一九六四年這種課題尚未十分受到民眾重視時，社會建設就成為自民黨總裁選舉競爭的口號，做為繼承「所得倍增內閣」之新內閣的招牌。經濟發展的目的，本為增進人類的幸福，但在事實上，受生產的倫理所支配的資本主義體制，往往要勉強貫徹其利潤原理。為了抑制這種缺點，須考慮基於福祉原理的社會建設政策，以求兩者的平衡發展。同時在基本上必須認識，若忽略社會建設，則經濟建設的合理性，最後必變成不合理，因此雖然短暫地違背經濟的合理性，也要重視兩者的均衡發展，在長期的建設上才具合理性。但選舉之後，因缺乏兩者均衡發展的認識，所謂社會建設的招牌，也在未具實質內容中消失。首相雖然常說：「由於生產第一主義而忘卻人性的尊嚴，因此回復埋沒於繁榮中的人性，才是當前政治的急務」。但對生產第一主義，始終沒有徹底的檢討，更沒有政策上的轉變。雖然在一九六七年的經濟計劃中，首先應用「社會」兩個字稱為「經濟社會建設計劃」，以提高經濟效率與推進社會政策，但實際上還是把重點放在經濟的效率化而強化國際競爭力量。可見仍未脫離「沒有經濟成長則沒有社會福祉」的政策。

　　在這種情況下，縱然有改變「經濟建設優先主義」的蠻勇，也終於未能發揮；一九六八年日本的 GNP 凌駕了西德，躍居世界自由主義國家中第二位而僅次於美國、蘇俄成為世界第三位。同時是年年初，勞動力的調查顯示：農業人口低於二〇％，已達先進國家的指標，於是日本全國上下得意地接受「先進國家」的頭銜。在社會上竟也流行極為樂觀的「未來學」，描繪將來更美麗更幸福的社會。這種樂觀的未來學之論點，不外是說，現在的日本，尚未達到最理想的地步，不久的將來更有美麗的仙境。這種描繪更鼓舞了經濟建設優先

主義，快馬加鞭推動建設，使日本的經濟建設進度，超越一九五五年代「所得倍增內閣」時代。

　　日本經濟成長原因之一為政府財政上的融資投資；以一九七○年經濟成長最旺盛的時期來說，當年國民生產總額為一九六○年的三·五倍，一般會計支出約為四倍時，財政上的融資投資竟達五倍以上。此項資金以國民儲蓄與保險累積經費為主體，雖然來自國民大眾，但在公共投資的名義下，成為經濟成長的基礎。而經濟成長的結果，使國民的消費水準提高，也使消費支出增大，但在國民經濟中所占比率卻反而減少；一九六○年消費支出占國民經濟的五六％，一九七○年則減至五○％左右。但其中的設備投資卻從一九六○年的三一％，增至三六％，與歐美先進國家的個人消費支出六○％以上而設備投資僅二○％左右相比，日本人的設備投資高了很多。這種經濟體質，導致了日本經濟的高度成長，但這種體質絕不是僅憑掛着「社會建設」的招牌所能改變。

　　換句話說：「生產第一主義」的成果愈輝煌，累積下來的問題也愈嚴重。如隨着生產額提高，生活環境設施之落後就露出了破綻，生產一面倒的發展，更導致自然環境的破壞。至一九七○年，國民大眾已徹悟嚴重的公害為「經濟建設第一優先」的副產品，而大力推動公害宣傳。於是一九七○年成為日本國民從「經濟第一主義」，卽從「推動經濟建設之後，人類社會也自然能步上現代化」的美夢，猛醒徹悟的時代。照理說，在這種情形之下，主張「沒有經濟成長則沒有福祉」的首相下臺後，可以再把「社會建設」的招牌磨光，重新強調做為建設的目標。但田中角榮首相就任後，所標榜的是「日本列島改造論」，仍是「經濟建設第一主義」。一九七○年提出的「新經濟社會建設計劃」，雖然附上「邁向富有人性之經濟社會」之副題，論經濟

的分配，說明日本已到了可以選擇高福祉、高負擔的時代。但只是說明高度成長的結果，已有餘力從事社會建設，不是說明與經濟體質的改變有什麼關係。然而政府終於在一九七三年起，推動社會福祉政策，獲得社會上傳誦「福祉元年」的雅號。但不久即因石油暴漲而重估福祉問題。因為在低迷的經濟成長中，日本必須償還高度成長期中的貸款，同時更因為低迷的經濟成長而使經濟第一主義的偏差政策根深蒂固，變本加厲地影響社會建設的預算分配，影響了社會建設的發展。

六　經濟大國日本的真像

　一九六八年，日本的國民所得躍居世界第三位時，無論日本國內或世界各國，均肯定他的經濟大國地位。一九六九年瑞典的經濟記者郝德堡 (Ha'kan Hedberg) 看到日本經濟驚人的成長，竟撰文稱:「日本可能在一九八〇年代中葉趕上美國而成為超級經濟國家」❿。

　雖然日本也與世界各國一樣，在一九七一年遭遇到美金貶值的震盪，一九七三年又遭受石油暴漲的壓力，連續幾年幾乎均呈負成長或低成長，一時令郝德堡的預測受到考驗，但經過這些危機之後，又創造了快速的成長而真正攀上世界經濟大國的地位。一九七九年美國社會學者傅高義 (Ezla F. Vogel) 終於發表「日本第一」 (Japan as No. 1)，稱贊日本的各項發展，將日本的成功引為美國的借鑑。

　然而這種種的讚許，到底有多少可信度？眾所周知，日本為經濟大國已是不能否認的事實，而經濟大國日本也並不是沒有實體而僅為

---

❿　The Japanese Challenge, 1969　關口泰譯「日本的挑戰——一九八〇年代の經濟大國」，一九七〇年，每日新聞社。

一種虛像。但是我們不可忘記，郝德堡在預測日本的高度成長期時說的話：「日本的經濟成長爲輕量級國土上的重量級發展，猶如體格高大的『相撲』選手，穿上袖珍型的芭蕾舞鞋跳舞，這是日本的悲劇」。又傅高義說的話：「日本的成功，花了相當的代價」。這些警告和批評，應是日本人引爲警惕的箴言。

事實上，攀上經濟大國的日本仍有許多問題，茲將其犖犖可記者列二如下：

第一、從經濟本身說：不但未改善第二次大戰以前的雙重結構，反而可以說以這種雙重結構支撐着經濟的發展。

第二、經濟優先主義的建設，遲緩了社會建設政策，如今雖已受經濟成長的餘澤，生活環境也改善了不少，社會保障水準也相當提高，但生產與生活的不平衡，依然未見解除。

先從經濟的雙重結構來說，日本經濟的獨占性極高，在現今世界大企業五〇家排行中，日本的獨占性大企業，竟占了六家。這種比例不能說不大。但零星企業卻占了全國企業的大部份，其仍維持第二次大戰以前的雙重結構至爲明顯。如在製造業的規模別構成方面，雖然擁有五百人以上員工的公司，在二〇年之間從二一％增加到二三％，但員工五〇人以下的公司，僅從五〇％減至四五％，一千人以上員工的大企業公司，仍停留在一五％左右而無增加的現象。若將這些比率，與美國一千人以上員工的大企業公司約占三〇％，西德約占四〇％相比，日本只能算是中小企業國家（如表三二）。

若再從員工一百人以下的公司比率來看；日本高達五六％，而美國僅二五％，西德僅二〇％。所以說日本是一個小企業國家實在並不過分（如表三二）。

可見日本一方面擁有世界級的大企業公司，另方面卻有無數的小

表三二　工廠規模別員工的國際比較（％）

	1～99人	100人～499人	500人～999人	1000人
日　本 (1977)	56.5	21.5	7.3	14.7
美　國 (1972)	24.8	17.9	28.6	28.7
西　德 (1976)	20.1	29.3	13.1	37.5

資料來源:「日本國勢圖會」，1980年版，國勢社，326頁。

企業。這些小企業在嚴酷的生存競爭下，艱苦奮鬪，充當大企業公司的衛星工廠，支撐了大企業爲中心的經濟成長。說具體一點，小企業的偏低待遇與經濟成長有關；茲比較製造業員工的待遇格差，可以發現經濟成長過程中，有相當縮小的傾向；如一九六○年時，三○人以下員工的公司，其待遇不及五○○人以上員工的公司之一半，但一九六五年時已增加到六○％以上。另外三○人以上，一○○人以下員工的小公司待遇，也從占員工五○○人以上公司六○％增加到七○％左右。一九六五年以後就不再有縮小待遇格差的傾向，而一直停留在一九六五年的水準。換句話說，經濟大國日本的一大半勞工，在大小企業雙重體制下，不得不滿足於員工數僅占二成左右之大企業員工的七成待遇。

　　然而在待遇上雖有這種格差問題，但在整體上日本勞工的待遇確實已提高了不少。現今日本製造業勞工的待遇，雖然還不及美國和西德，但已超過了法國、英國與義大利的水準。一九六五年時美國勞工的待遇約爲日本的五倍，但一九七○年時僅爲三‧六倍，可見日本勞工的待遇，已提高了許多。

　　勞工待遇的提高，提昇了消費水準，也增加了國民的「中階層」意識。但消費水準的提昇，不一定就是生活水準的提高。雖然國民所

得急速增加而提高了消費，但因過去的貧乏，生活水準仍不及現在所得不多而過去富有的人民。從整個國家的立場來說；雖然 GNP 增加而使國民的個人所得也相對增加，但因過去生產性社會資本缺乏，只能把消費重點，放在充實或改良生產性社會資本，致使有關生活的社會資本依然缺乏，一時未能提升生活水準。換句話說，經濟大國日本的富裕，猶如忽然賺了大錢的暴發戶，與舊有的資本家相比，生活依然落伍、貧窮。

　　前面略已談到，生活用耐久性消費品雖然普及得很快，但放置這些消費品的住宅卻沒有顯著的改善，當然還未符合經濟大國的條件。茲以全國的情形來說；日本的住宅平均一個房間要住〇·八人。一戶平均有四個半房間，似乎不遜於外國。但房間狹小若從一個人所占的面積還不足八個榻榻米大（約四坪）來看，不能不說尚未達到經濟大國的水準（表三三）。

表三三　住宅水準的國際比較

	日　本 （1978）	美　國 （1970）	英　國 （1971）	西　德 （1972）
每戶房間數	4.5	5.1	4.9	4.2
每室平均人數	0.8	0.6	0.6	0.7
自來水普及率	92.7	97.5	—	99.2
水沖式廁所普及率	45.9	96.0	98.9	94.2

資料來源：「日本國勢圖會」，1980年版，121頁。

　　再說，住宅數量雖然年年增加，但在石油暴漲之後，更因地價高昂，年輕人想要以個人的能力購買住宅，實在相當困難。一九五〇年時，日本人民擁有住宅的比率約為八成，但後來反而有減少的傾向。

現在則約占六成左右；反過來說，約有四成左右的人，沒有自己的房子，可見住宅問題相當嚴重。不僅如此，房屋大小均以二ＤＫ爲標準，也許可以達到餐廳臥房分離的要求，但距家族各擁有個別的臥房之理想還相當遙遠。若再想扶養老人家，實現二代同堂的美夢則更是幻想。由此可見，在生活環境中最切要的住宅問題方面，經濟大國的日本人，實在還停留在非常窮乏的階段。

然而生活環境不僅指住宅問題，也要包括設備周全的公共設施。其在狹義方面應包括上水道、下水道、垃圾及水肥處理設施、家庭用電、瓦斯等常用能源、公園綠地等設施。在廣義的範圍上則應包括托兒所、幼稚園、學校、圖書館等教育設施；醫院、衛生所等醫療保健設施；公路、公共汽車等交通設施；老人中心、勞工中心等社會福利設施等。

這些設施若與第二次大戰以前比較，當然已進步了許多，但以一個經濟大國、先進國家的水準來說，尚與理想相差太遠。如享有下水道設施的人口還不及三成，與英國的九成，先進國家的平均六成相比，可以說還屬於開發中國家之流。同時在水肥處理設施方面，至今仍約有七成的國民沿用傳統的汲取方法處理。在垃圾方面以燒卻方式處理者僅五成左右，還有一大半的垃圾，仍然用傳統的填埋方式，所謂「垃圾戰爭」並無完全解決。至於公園綠地廣場等休閒場所的設施，因國土狹小，其設施面積更小，實不能與先進國家相比。

這種貧乏落伍的生活環境設施，雖然是現代化以前貧窮社會遺留下來的結果，但日本人習慣於這種生活，經濟繁榮之後，仍不強烈要求改善生活環境設施，應是主要原因。換句話說：日本人一方面把生活的重點放在工作場所，一方面閉塞於家庭中而不關心自己居住的社區環境。如果及時能對各級政府強烈要求增加公共設施的投資，改善生活環境，也許多多少少可以影響生產第一主義的政策，不再使應投

資在改善生活環境的資本，仍大量轉移投資在生產方面，造成生活環境設施一直落後，趕不上經濟高度成長的水準。

諸如此類，日本的經濟建設與社會建設至為不平衡，大略而言，誇稱 GNP 躍居世界第三位的日本之生活環境水準，似乎只達到歐美先進國家的三分之二的水準。前幾年有人諷刺日本人為「住在兔子小窩的工作中毒病患」。雖然有些過火，但我們可以從這句話中，尋找到傅高義在「日本第一」(*Japan as No. 1*) 中說的「日本成功的代價」。

七　社會保障與社會福祉

日本的經濟呈顯高度成長，而社會建設相對之下成長特別遲緩，可以從社會保障與社會福祉等方面看出。

社會福祉一詞，本來就含有社會保障與狹義的社會福祉而有廣泛的意義。第二次世界大戰之後，社會保障制度審議會曾解釋說：廣義的社會保障不僅包含社會保險為主體的所得保障、醫療保障也包含了社會扶助。而狹義的社會保障也包含社會福祉事業與公共衛生。若照這種觀念，社會保障應比社會福祉更占上位。可見這兩個名詞在廣狹兩義中，關係至為密切。因此一般人常把社會福祉與社會事業視為同義，其實不然。

社會事業於第二次大戰後，稱為社會福祉事業。後來政府為了連繫及調整公私立社會事業機構，在全國普遍設置「社會福祉協議會」，於是被簡稱為「社會福祉」而沿用至今。至於社會保障，一般都做狹義的解釋，指「所得保障」、「醫療保障」及「社會扶助」。因此「社會福祉」一語，有時在理念上做廣義的解釋，但若與社會保障併用時，可以看做戰後慣用的廣義的社會事業。

　　然而前已說過，第二次世界大戰以前，日本的社會保障及社會福祉相當落後。其原因與家庭制度及村落隣里互助有密切相關。在年老之後，依靠繼承人生活為當然的社會制度下，實在無法產生什麼社會保障制度。換言之，窮困而不能生活時，在親族或隣近社會守望相助下，縱有社會福祉也不很切合實際需要。但是當都市人口增加，不能依靠親族保障生活的時代來臨之後，明治初年所訂的「恤救規則」已不敷應用，因此不得不於一九二九年制定了「救護法」。雖然如此，在農村則仍以接受救濟為莫大的恥辱，在都市也認為被登錄在救濟名冊為最下層的窮人而感到羞恥，可以說都沒有「要求救濟」的權利觀念。在這種社會風氣之下，收容孤兒或老人的設施，均以私人興辦的慈善機構為主。被收容的全都是天涯孤獨，沒有親戚照顧的人。在觀念上，沒有人認為他們與一般人一樣享有人權，而是完全出於救濟者的惻隱之心。其中特別令人注目的是，有許多基於基督教博愛主義捐出大量資財的私人機構，可見這個時期的社會事業，大多與基督教有密切關連，影響日本政府遲遲未注意於社會事業的救濟工作。然而隣里守望相助，親戚互相照顧的力量畢竟有限，一九三八年政府終於成立國民健康保險，實施醫療保險工作。但對老人的養護則尚無什麼福利措施。另外在勞工保險方面，隨着工業化之進展，勞工大量增加之後，本來可以仿傚公教人員退休金制度，實施勞工養老制度。但這個問題一直未受到政府及勞工的注意。一般勞工認為年老不能工作之後，應該在家裏依靠長子扶養，並無仰賴政府勞工養老設施的觀念。因此在這個期間，勞工退職後的生活保障，可以說僅依靠公司發給的退職金及員工的互助金勉強維持。一直到一九四二年，政府公佈了勞工退休制度，才漸漸步上實施老人生活保障的坦途。

　　但是第二次世界大戰之後，日本社會產生鉅大的變化；在戰敗的

窮困狀態下，人民對維持生命已覺精疲力盡，根本無法再期望親戚或近鄰的扶助。所以一九四六年，政府制定「生活保護法」時，原來以接受救濟為一種恥辱的觀念，已比戰前稀薄。這個法案本身也不再以慈善性救恤為立場，而是以保障生活之權利為宗旨。這種觀念的改變，可以說意味着日本的社會保障與社會福祉觀念，已真正獲得確立。

然後政府又於一九四七年制定了「社會保障制度綱要」，使社會救濟事業，真正從慈善機構與慈善觀念中蛻變，而更趨於成熟。翌年更設置「社會保障制度審議會」。一九五〇年該會提出「關於社會保障之勸告」一文，開宗明義以憲法第二五條條文說：「『全體國民具有享受最起碼的健康而文明的生活之權利』，國家應謀社會福祉、社會保障及公共衛生之向上與增進」。從此陸陸續續實施各種有關社會福祉的法案。然而這些法案中的對象之貧窮人，在經濟工作急速成長中，往往不受社會的重視，其發言力極弱，也沒有什麼影響力。因此基於社會福祉法的設施依然遲緩。在經濟成長優先的國家預算中，有關社會福祉的設備及人員經費等，均無法占重要的地位。但與大戰前比較，則已有面目一新的景象。也就是說，大戰以前成為社會事業之主體的私立慈善事業，已獲得國家或縣市政府的補助，同時公立的設施也大量增加，各項設施也漸趨完善，受救濟人員也增加了不少。然而理想與現實，畢竟還有一段距離，若要符合一個經濟大國、文明大國的水準，無論在量與質各方面，均須繼續優先擴充，提高水準（如表三四）。

另外在所謂「社會保障之根本」之養老金方面，情形大致與社會福祉事業的情況相似。日本投降之後，把戰時的勞工養老保險改為福祉保險，公務員的養老金則改由合作社（組合）經辦。同時又新設置

表三四　世界主要國家的社會保障經費（1973年）

	日本	義大利	英國	法國	荷蘭	西德	瑞典
一個國民所配當金額（萬圓）	11.8	21.3	22.8	42.4	48.4	54.4	61.6
占國民所得之比率（％）	10.4	24.6	20.7	24.6	30.7	31.7	28.1

資料來源: 瑞典為1976年，其他歐美各國為 EC. Social Accounts 1970-1976, 1978.

各行各業的合作社（組合）以便經辦各行各業人員的養老金業務。並且於一九五五年制定國民養老金法，將享有這種「職業養老金」制度的國民，全部編入「國民養老金制度」的範疇。至一九六一年，國民養老金法正式實施，終於建立全國國民的養老金體制。

然而國民對這種「老人生活保障」的要求並不強烈。如前所述，雖然昔日的家庭制度，已在崩潰邊緣，但在國民的觀念中，仍以繼承家業的長子扶養年老的雙親為天經地義。因此一般人對急激充實社會保障的要求，或對社會保障之期待，尚無切膚之感，更不能變成推動政治的有力因素。換句話說，在這段時間提高社會福祉的政治口號，對增加選票並沒有什麼幫助。這是日本政府所以能繼續以經濟高度成長為政治目標，提高國民所得，獲得分配享受的先決條件。因此日本雖然實施國民養老金制度，但對七○歲以上的老人，僅能發給少數的養老金，而把大多數養老金延至十年後才發給，有時還要把發給金額限在最低標準。可見當時大部份人，只把養老金視作老人的零用金，而沒有看做生活費。所以將國家的社會保障經費與歐洲先進國家比較，極為偏低。茲略述其情形如下：

一九六○年代，歐洲各國的國民所得中，滙票轉帳所得早已達到

一五％至二〇％，但日本只有五‧六％左右；雖然一九七五年時，增加至一〇％，但若與占三〇％左右的國家相比，其差距不能說不大。從整個世界來看，社會保障雖在十九世紀末就開始萌芽，但 Social Security 這個名詞，一直到一九三〇年代才受肯定，而至第二次世界大戰前後，才獲全盤的擴充。同時從上面的資料可知，歐洲先進國家在戰後極端的困難下，尚能努力於各種社會保障設施之整備及充實，而日本則遲遲未能發展。這是日本社會結構的特質，與歐洲社會不同的原故，但也因此才使日本實現了經濟的高度成長。

可是長時期不受重視的這些政策，終於在經濟高度成長下的工業化社會變遷中，漸受各界重視而成為政治界爭取選票的關鍵問題之一。一九七二年末，眾議員選舉時，國民養老金問題第一次成為候選人爭論的焦點。一九七三年修改法令時，大幅提高養老金給付金額，並規定按物價的浮動比率隨時予以調整，於是養老金制度真正成為老人可以依靠的生活費用，所定的養老金給付金額也達到國際水準。

不過美中不足的一點是，受經濟成長優先主義政策的影響，養老金在國家財政中，尚未有固定的地位。各機關只是臨時想辦法，東湊西湊以解決問題，因此所發給的養老金額並未一致而產生格差。同時也產生一些私人機構因提高養老金額而面臨破產的危險，也有部份機構認為將來退休人員增加時，無法繼續支撐。這些實際問題，必須即刻統盤檢討，做根本上的改進。這是過去幾十年來，一直採經濟成長優先主義，促成經濟高度成長的經濟大國日本所遺留下來的爛帳。如今在高齡化人口急劇增加的日本社會中，如何解決這筆爛帳，將是日本政治的一個重要課題。

然而我們不可忘記，日本社會本身已失去了昔日守望相助、救濟貧困的功能。根據民意調查；一九五〇年代初期，民眾表示「遭遇極

端貧困時，可依賴家族或親戚」的人，超過百分之七〇，而表示「可依賴社會保障」者僅占百分之一五。但經過二〇年後的一九七〇年代末期，前者已減至三分之一而後者已高達一半以上❹。可見日本人的觀念已大大地改變，認爲實施社會保障與社會福祉爲政府的責任，而國民具有接受救濟與享受的權利。這種觀念之形成，將迫使日本政治體質的改革，如何從「經濟成長優先主義」走向「福祉第一主義」，應是現今日本國民的期望，也是日本政治的主要課題。

八　日本社會今後的課題

現代日本的社會，可以說是高齡化社會。因爲在世界各國尚未有過的高齡化，正以快速的步伐逼近日本，至二一世紀時，必定會達到名符其實的高齡化社會❷。

高齡化社會的問題很多，而且影響之大至爲嚴重。近來已漸受各界重視。另外日本的社會非常重視學歷，但從來沒有像現在這麼激烈的升學競爭。因此除「高齡化社會」之外，「學歷社會」一詞也深入民間。大家相信，隨着時代的推移，將會眞正造成「高學歷社會」。根據調查資料，成人中將近百分之四〇爲大學畢業生的這個社會，將以何種姿態使社會安定等等，都可以說是重大的問題。

此外，今後的日本社會面臨的問題相當多，但這兩個問題在前面各節中，均未深入探討，所以藉本章的結束提出來討論如下：

首先在高齡化問題方面，日本在第二次世界大戰之後，產生了「

---

❹　同❶。

❷　根據日本厚生省一九八四年九月十五日的報告說：至二一世紀初，日本人口中有三分之一將年逾六五歲。

人口革命」。卽從古代「多生多折」的時代，經過第二次大戰前「多生少折」而步入戰後的「少生少折」的現代化人口政策，達到先進國家的水準。

　　日本的人口在投降時，僅七二〇〇萬，至一九六七年，人口增加而超過一億大關，現今約有一億二千萬人。但這種人口增加的趨勢，除戰敗後興盛一時的「生育風潮」（Baby boom）之外，並不是由於「多生」的結果。一九六〇年先後起，也就是日本進入經濟高度成長期之後的十年間，出生率約為千分之一七至一八之間。一個母親的平均出生人數為二人，呈負增加而意味着人口將趨於減少。雖然在一九七三年之前，出生率一度又稍為增加而達千分之一九，但自一九七五年起，又減少至千分之一六至一七之間。最近幾年則已在千分之一五以下。一個母親的平均出生人數也減少到一·八人，其少生程度已超過了原來預計的速度。然而在這種低生產率中，整個人口仍呈增加現象。這種情形雖為人口結構上一般的現象，但究其原因，不外為壽命延長的關係。二次大戰之前「人生五〇」的口頭禪已不符實際，現今平均壽命已增加至男性七四、女性七九，而成為世界第一的長壽國家。這是人人所希望，所喜歡的事，但在這樣的社會中卻隱藏了勞動力人口比率之降低與高齡人口比率之增加等嚴重的社會問題。

　　也就是說，今後的高齡人口確實趨於有增無減。根據人口問題研究所的推計：一九八〇年時六五歲的人口僅占九％，但至西元二〇〇〇年，也就是二一世紀開始時，可能會增加到一四·三％（人口問題研究所所推測的此一數目，若出生率繼續降低則顯然預測過低；因安川正彬所做推測為一五·四％，日本大學里田俊夫等所做推測之中位推計值為一四·九％，均比一四·三％為高）。

　　現在讓我們換一個角度來看，這個數值表示，現在七·五個生產

表三五　日本將來人口之推計（％）

	～14歲	15～64	65～	15～59	60～
1980	24.0	67.1	8.9	63.4	12.6
1990	21.0	68.0	11 0	62.8	16.3
2000	20.2	65.6	14.3	60.0	2.00

資料來源: 人口問題研究所1976年（中位）推計。

人口（一五歲至六四歲）養一個六五歲以上的高齡人口；但至二〇〇〇年時將變成四・六個生產人口養一個高齡人口，人民的經濟負擔，將增加一・六倍以上。若以一五歲至五九歲的人口，養六〇歲以上高齡人口的生活來算，則情形更為嚴重；卽從現在的七・五人養一個人變成三個人養一個人。可見國民在經濟上的負擔問題愈來愈嚴重。同時人的壽命延長之後，人生的老年期也越來越長，屆時在現有制度下，老年人口的生活是否能過得安然、舒暢，實在是今後日本政治、經濟、社會等問題的焦點。前已提及國民養老金制度，在日本國家財政中尚無固定地位，國民經濟負擔愈趨嚴重看來，我們說它是一個嚴重的課題，絲毫不誇張。

在這種情形下，有人強調堅固家庭組織，由家族負責老人福祉的所謂「日本型福祉社會」，才是眞正符合日本社會的福祉制度。他們認為日本社會的老人與子女，及老人與親族的同居率，雖有逐漸減少之趨勢，但現在仍高達七〇％左右，與歐美先進國家的二〇％至三〇％相比，實在高得驚人。這種高比率也就是日本人過去不積極要求社會保障，日本政府過去實施社會保障政策一直遲緩的主要原因。但在今後不斷發展的工商業社會中，家族同居的比率勢必降低，人民的意

識型態也會改變，　依靠家庭成員的社會保障，　是否還能有往日的績效，值得懷疑。

第一：隨着家族同居率的逐漸減低，打算年老後依靠子女扶養的人數也隨着減少。子女應該扶養年老的父母的觀念，現在雖然尚未式微，但父母與子女的分居生活，則必會更會增加。尤其大部份家庭都因住宅不敷而被迫分居，在住宅政策還未大刀濶斧，全力改善之前，問題必愈趨嚴重。現在較下階層的都市人口中，這種被迫分居的家庭相當多，當這些老人一旦失去老伴，或年老病弱時，年老後的生活不僅是老人本身的不幸，也會連累到子女的不幸。因此僅憑親子同堂的家族遺風，美其名曰「日本型福祉社會」，而想節省一批社會福祉與社會保障經費，不僅是一種幻想，到最後必會遭受嚴酷的後遺症，支出麗大的代價。卽使爲支持日本型福祉，至少也要維持現行的社會保障水準，擴充社會福祉設施。

第二：與子女同堂的老人，無論如何可以說比沒有子女的老人更爲幸福。依照日本厚生省的調查，一九六〇年時，高齡戶數僅占全國總戶數百分之二，但現在則已增至百分之五。這些高齡戶中，六分之一爲政府的「生活保護戶」，　其被保護率爲全國受保護戶比率的八倍。這種高齡戶口數，今後必會繼續增加，這些人都是被「日本型福祉社會」遺忘的人。因此我們盼望國家的養老金制度，足以保障老人的生活，使他們無憂無慮，不必再靠其他公共設施的扶助。

然而爲了籌備足以保障生活的養老金，必會增加當事者平時應繳的金額，也可能導致賦稅的增加。然而根據日本總理府的民意調查；認爲「爲了充實社會保障措施，增加賦稅也不得已」的人，一九六〇年前後還有百分之四〇以上，但一九七〇年則減至百分之三〇左右，一九八〇年更減少到百分之二四。而表示反對高負擔者竟高達百分之

四〇。一般來說，年輕一輩持反對意見者多，而表示贊成者大多數為老人。可見對養老金的負擔問題，意見相當分歧，將來或許還會為這個問題發生世代間的爭執也說不定。於是有人主張退休年齡延長至六五歲，即六五歲起為發給養老金的年齡，也就是說，生產年齡的上限從五九歲提高至六四歲。實際上日本也將退休年齡從原來的五五歲延長至六〇歲已實施多年，但履行六〇歲退休的人數，增加得非常緩慢。以一九八〇年的情形來說，雖比五五歲退休的人多了一點，但從所占的百分比僅四〇％來看，要實施六五歲退休制度，恐還有種種困難。不過無論如何困難，整合社會保障政策與雇用政策，將是今後的日本社會必須付諸實施的重要課題。

事實上，現在六五歲以上而仍繼續工作的老人，與西歐各國相比非常的多。其原因可歸納為下列兩點：

（一）只知道工作是日本人的特性。

（二）不工作則不能生活。

根據日本政府的調查，包含這些老年勞動者的勞動力人口，一九六〇年時約為四千四百萬，一九七五年時已增至五千四百萬，約增加了一千萬人。但如果只算一般的生產年齡人口，則同在這十五年間增加了一千六百萬人。為什麼產生六百萬人的差距？不必待言，那是因為升高中（職）與升大學的人數增加，而中學畢業生的就業人數減少的原故。二〇年前，一五歲至二〇歲的人口中，就學人口所占的比率，男性尚不及三〇％，而女性約為二五％，現在則男性已增加為五〇％左右，而女性已超過了三〇％。國中畢業而升高中（職）的比率已占九〇％以上，高中畢業生升大學（含專科）則約為四〇％，照現在升學人數之增加推論，今後勞動力的結構，必有很大的變化。再等二〇年後進入二一世紀時，二次大戰後「生育風潮」（baby boom）時

所生的嬰兒將達中高年階層，而使生產年齡人口中的中高年階層占五分之二左右。這批人大部份曾受過高中以上的教育，與過去的生產力人口之學歷結構顯然不同。在這種變化中，今後的勞動力在量與質的需要上如何因應，也是一個問題。因此除高齡人口的養老問題之外，中高年階層之突然增加與高學歷社會的問題等；必都成為將來日本社會重大的課題。

其次說到高學歷的問題；根據日本社會階層結構的調查資料，一九七五年時年齡別的學歷結構有如表三六❸。

表三六　年齡別學歷結構（1975年）（％）

學歷 / 年齡別	小學校 無學歷	舊制高小 新制中學	舊制中學 新制高校	舊制高校 短大、大學
60～69歲	29.7	39.4	20.1	10.0
50～59	15.7	46.0	22.9	14.9
40～49	7.6	45.1	31.3	15.9
30～39		37.9	42.7	19.2
20～29		23.0	49.1	27.4

資料來源：富永健一編：「日本的階層構造」148頁。

我們同時可以相信今後的學歷結構還會繼續提高。過去接受高等教育者為一成左右，而一九七五年時將近三成，現在則已接近四成大關，「高學歷社會」的名稱也由此而來。

再說往昔的日本社會，受過高等教育者一概為上階層的子弟，受高等教育的青年，均被公認為社會的精英 (elite)，也就是領導階層。雖然這是由於他們的「歸屬性生得地位」(Ascription) 而來，但也可

---

❸　同註❼

以說是由於努力學習的成果 (achievement)。然而第二次世界大戰之後，隨着民主政治之提昇與工業化之發展，進入大專院校接受高等教育的人數也大幅增加。更由於日本在傳統上一向重視學歷，學歷成為決定職業及就業後升遷的主要依據。因此一九七〇年，前來日本調查的 OECD 教育考察團 (Organization for Economic Cooperation and Development)，稱日本社會為「學歷主義社會」。這個考察團並說：「若與世襲的階級制度相比，日本的社會還可以說是有彈性的社會；但若與重視個性與能力的制度比較，則顯然還缺乏彈性；換句話說，若與以個人長期間的業績為決定適當的職業及地位的因素，或與凡有求學意願的人，應其需要均有接受教育的機會，或與因應個人的能力決定升遷地位的制度相比，顯然還缺少彈性」。應是一針見血之批評。實際上，在日本的社會，若想從下階層轉移到上階層的所謂「階層轉移」，實在非常不簡單。同一世代內的階層轉移，因囿於學歷主義的限制更為困難。這是人人期望進大學，獲得高學歷文憑的根本原因。

又學歷主義除了指高學歷文憑之外，同時也含有「學校歷」主義的意義。日本社會不但重視大學文憑，還特別重視是哪一所大學的文憑。大學名氣之高低，影響就職及社會地位非常大。也成為是否能進入政府機關做公務員，或在大企業中升上幹部的重要因素。因此升學競爭自然愈趨激烈，學生們從小就上補習班，置身於「升學戰爭」之中。換一句話說，日本的青年學生不但要努力考上大學，而且要能考上一流大學。

最近有人說，由於工業化之進展與社會之開放，「學校歷主義」已成為「虛無的影像」。許多企業重視學歷之同時也重視實力。但政府機構的這種趨向還不很明顯。因此從整個社會來說，「學校歷主

義」已成「虛無的影像」一語實在還言之過早。但社會上已漸漸趨向「實力主義」則爲大家所共認的事實。但這只是「學校歷主義」一項的變化，而不是整個學歷主義，重視文憑的變化。

照這樣下去，在高度成長時期，對高學歷從業人員尚能安排適當的高職位，但一旦發生低成長時，必沒有那麼多的管理職位可供安插。尤其到二一世紀時，高學歷的中高齡階層突然增加，必有許多人沒有機會擔任適當的職位。

因此無論從那一方面說，高學歷社會確實動搖了勞動力供需的平衡，也提高今後職業社會的緊張。如果再加上婦女就業意願與就業機會的增加，必然成爲就業市場的重大問題。雖說企業中已有漸漸重視實力主義的傾向，但畢竟很少而尚未能影響學歷主義。日本的學歷主義社會必會繼續一段期間，而且競爭還會比過去更爲激烈。除非改變「職業社會的體質」，將學歷主義改爲實力主義，「升學競爭」與「階層升遷」，將會永遠受囿於學歷而成爲社會問題。

結　語

　　如前面各章所述，我們可以知道第二次世界大戰以前的近代日本，與戰後經過變動的現代日本，雖然還留着一些未受變動的層面，但隨着時間的推移，已產出了顯著的變化。

　　大部份日本人認為這種變化，使日本比以前變得更好。根據一九五五年，也就是日本戰敗之後的第十年，日本總理府所做的民意調查，認為「戰後的社會比戰爭以前好」的人，僅占一六％，而有四六％的人認為「戰前的社會較好」。但經過二〇年之後的一九七四年，ＮＨＫ做同樣的調查時，認為「戰後的社會比戰前好」的人，已增至五一％，而認為「戰前較好」者僅二〇％。兩者相比，情形完全相反。其中有關國民生活水準的認定一項，變化較為突出；一九五六年總理府調查的資料顯示：肯定「國民生活水準比戰前好」的人僅占二〇％，但十年之後的一九六五年則已超過了八〇％。可見國民對「社會狀態」的好壞，大部份以「生活水準」為取捨的標準❶。

　　然而在這個調查中，日本國民對一些社會意識卻認為「不比戰前

---

❶　ＮＨＫ輿論調查所編「圖說戰後輿論史」，一九七五年，日本廣播出版協會。

好」。如一九五五年至一九六〇年的十年中，均有六〇％左右的人，認爲「日本人太過於考慮個人的事」，「只考慮自己的欲望或利益的人增加了」，以及「不關心他人而個人本位的人較多」。不僅如此持這種看法的人，一九七〇年代竟高達七〇％，同時認爲「考慮自己或家族的事比考慮社會的事優先」者也超過了八〇％。似乎否定了前面所述「戰後的社會比戰前好」的調查結果。

近代日本社會中的大部份日本人，猶如在本書第一部中所述，均埋沒於「家」及「村里」之中。而「家」及「村里」則均以強烈的「拘束力」來約束他們。換一個觀點來說，個人依靠「家」及「村里」等共同體的連帶關係而獲得生存的保障。但隨着資本主義經濟之發展，經濟的合理性使這種連帶關係鬆懈而產生利己的行動。然而這絕不是表面的說法，假如二次大戰前曾實施過民意調查，其結果絕不會有六〇％至七〇％以上的人，指責日本人傾向於利己主義。

再說戰後社會的變動，雖然尚留着「家」的意識，但實際上昔日的「家」制度已面臨解體。原來的「家」多少已變成小家庭的「我家優先」主義。雖然尚有強固的男女任務分擔差別意識，但很顯著的已從「夫唱婦隨」的家，變成夫婦共同的家庭。換句話說，追求「我家優先」幸福的家庭，已造成與往昔「家」追求集團性利己主義的性格所不同的「個人利己主義」。原來的「家」受同宗及親戚的制約，建立在強烈的親族集團的羈絆之中，絕不許「家」個己的利益，破壞親族集團或村里等社區共同體的連帶關係。但戰後「我家優先」的家族，已不再像戰前的家庭受親族及村里強制的約束而變成相當的自由。家族的利己主義，似乎從這種解放中產生，而一心一意追求小家庭的「我家利益」。然而這些小家庭的家族，無法避免社羣關係的缺乏，所以孤立在小宇宙式的家庭中，感到不安和煩惱。同時這種「我家優先

主義」的小家庭，一般以夫婦家族爲典型，頂多以核心家族爲單位。因以核心家族爲優先，兒子結婚後親子二代之間，對過去在直系家族下所忍受的緊張關係，常容易趨於顯在化。前面所說，「太過於依賴日本型福祉社會實爲幻想」理由在此。

　　在這種情況下，現代的日本社會必須開放這種閉塞孤立的家族，創造一種新的社會性連帶關係。以現代受雇者愈趨增加的工商社會來說，這種新的連帶關係應可在工作機構中建立。戰後的日本社會，只有在工作機構中才容易找到家族主義及集團主義的存在。有的人稱他爲「同志主義」（原文爲仲間主義）❷。這種集團主義，孕育於近代日本成長　過程中而　戰後更爲　發展而成　爲經濟高度成長的一個重要力量。但這種家族主義經營的理念，在一九五〇年代中頗受批判；進入一九六〇年代之後，所謂日本式經營的理念已轉指「福祉主義經營」❸。那是指珍重同事間的感情，提高員工福祉爲主旨的理念。換句話說，政府對提高法定的勞工福祉態度消極，而各種企業對企業內福祉的充實反而非常熱心。然而企業中的人際關係卻由於稀薄化而趨於機械化、合理化，企業的共同體氣氛也越趨淡化；無論公私營員工表示「希望有個關照部屬的上司」者，至今仍占大多數。但事實情形正相反，員工們的這種期待越來越落空。無論白領階級或藍領階級都是如此。這種傾向可能會因將來「年功序列制度」的崩潰，業績主義及能力主義之愈受重視而更爲嚴重。因此企業也不是可以尋求到社會性連帶關係的地方。

----

❷　馬場啓之助著「福祉社會の日本形態」，一九八〇年，東洋經濟新報社。
❸　間宏著「日本的經營――集團主義の功罪」一九七一年，日本經濟新報社。

　　因此今後的日本，開放的家族必須在其居住的社區中，創造新的連帶關係。換句話說，也就是新社區共同體的重建。一九六九年，國民生活審議會發表「共同體——在生活場所中，有關人性的回復」的論文，首先提請政府及國民重視在新社區中，建立昔日社會所有的共同體精神及連帶關係。但事實上並不是那麼容易，雖然有多數居民，因生活環境設施不完備，或公害問題而產生種種運動，但那是為了解決問題，不容他們逃避於「我家優先主義」的結果，而不是真正的社區共同體精神。因為問題解決之後，居民再參與「運動」者已不多見，可見社區共同體的形成沒有那麼容易。

　　然而無論如何困難，因過去「經濟第一優先主義」的偏差政策所引起的生活環境設施之不完備，必須帶動「社區活動」來加強各種環境的設施，使生活平衡。同時在社會福祉方面，不僅要重視環境設施，今後必須進一步重視「社區照顧」（Community Care）的問題，使貧窮戶或生活上有困難的人，能過安和的生活。換句話說，新社區中社羣關係之重建，不僅要考慮一部份人的問題，更須要顧及全體人民的福祉。

　　對今後的日本人來說，為了子女的成長，預防青少年的不良化或不軌行為，以及如何積極地利用休閒時間等，固然需要各種社會水準的生活環境設施，同時為了「我家優先主義」之盛行不方便解決的問題，如協助生活障礙者，行動不便的高齡老人等，都必須在新社區中建立有組織的共同體制。毫無疑問，日本人正面臨這種重建「精神生活豐富」的新社區共同體的挑戰。然而要戰勝這個挑戰，必須先有居民共同參與，而且能充分申張意見的自治體行政，然而始能喚醒國家政策的轉變，實施多項重點的社會保障政策，否則一切都是空言。日本無法挺起胸堂說：「已成為一個先進國家」。

　　根據數理統計研究所的調查，如表三七所示，一九五三年時，約有二八％的日本人認爲「日本人不如西洋人」，但持有這種看法的人，在經濟高度成長中遞減，至一九六八年時，只剩一一％，而將近五〇％的人認爲「日本人比西洋人優秀」❹。

表三七　日本人與西洋人之比較（％）

	日本人較優秀	日本人較愚劣	相　同	不好說	D.K.
1953	20	28	14	23	15
1963	33	14	16	28	9
1968	47	11	12	22	8

資料來源: 統計數理研究所「國民性」調查。

　　又一九七八年，NHK 也有此類的調查，此時雖有約七〇％的人認爲「日本還有許多事項須向外國學習」，但約有一半的國民認爲「日本已成爲一流國家」❺。換句話說，日本人的民族自信心已經回復無疑。

　　然而要使這個民族自信心眞正穩固不移，日本社會除增加國民所得之外，更須優先做到國民所得的公正分配，成爲重視生活環境的保全及整備、社會保障的擴大及充實的社會。可是從戰敗後的政策來看，一度雖自戰前的「富國強兵」改爲只求富國而不求強兵，但最近「強兵」政策的呼聲又再度升高，似乎已踏往昔僅重物質生產，忽略社會福祉的路線，以致不能促進物質利益，也不能直接增加生產的社會福祉經費，時常受到輕視而使推行公正分配、充實社會保障的政策

❹　統計數理研究所國民性調查委員會編「第二，日本人の國民性」。一九七〇年，至誠堂。

❺　同❶及❸。

遭受到困難。這種做法雖爲日本的傳統，也是日本政治的常道，但若不能克服則日本的社會絕不能誇耀說是一流的社會。

　　如今廣義的社會福祉已不僅是少數的窮人、不能生活的老人，以及有限的身體障礙者的慈善工作，而是有關全體國民的事業。換句話說，是能使全體國民都能快樂享受長壽的幸福；不幸的母子家庭也不覺得苦難，身心障礙者也能感受生命的寶貴。只要認眞工作，或雖無工作能力也能獲得生活的保障，過健康而文明的生活。這種社會才是日本今後所應努力追求的目標。

附錄　日本的政黨概貌

自由民主黨

黨址: 東京都千代田區永田町一——十一——二三。
電話: ○三——五八一——○一一一。

一　組黨的理念與綱領

一九五四年（昭和三○）五月二三日，民主黨與自由黨首腦舉行
會談，同年六月四日，民主黨總裁鳩山一郎與自由黨總裁緒方竹虎，
又舉行會談後終於決定保守派的聯合。於是同年七月六日正式舉行民
主、自由兩黨的幹事長及總務會長的連繫會議，十一月一四日兩黨同
時召開各該黨解散大會，翌一五日兩黨宣佈正式聯合而誕生了自由民
主黨。

新黨大會在一九五四年十一月一八日召開，不久又舉行新黨組織
準備會，從舊民主黨，舊自由黨中選出會長及常務幹事、議長等，同

時承諾政策委員會所擬「新黨的使命」、「新黨的性格」、「新黨的政綱」、「組織綱要」、「黨則」等，並決定「組黨宣言」、「綱領」、「一般政策」、「總裁公選」等所謂黨的生命。茲誌如下：

（一）自由民主黨組黨決議

我們爲鞏固政局的安定，結合保守勢力，並因應新情勢之各項要求，推動強而有效的政策，組織自由民主黨。

我們要克服一切阻力，舉黨一致，忠實實踐本大會的決議，以期不負國民付託之使命。

上決議之。

（二）組黨宣言

政治乃爲國民所施，對內以安定民生增進公共福祉，對外以回復自主獨立的權威，調整確立和平之條件爲使命。

我們鑑及此項使命與任務之重大，基於民主政治之本義，組織自由民主黨，誓與國民大眾共同完成此項任務。

大戰結束之後已屆十年，世界已顯著改變，隨着原子科學的發達，全人類的歷史也日日加添了新頁。今日的政治，至少必須以十年後的世界爲目標，所以非從過去以及現有的制度中，陶汰糟粕而活用建全適用者，勇敢創新，糾正社會的缺陷不可。是以我們的組黨理念基於下列兩點：

第一：專心一致邁向議會民主政治之大道；始終一貫排擊以「暴力與破壞」、「革命與獨裁」爲手段的政治勢力。

第二：認定個人的自由與人格的尊嚴爲社會秩序的基本條件。是以反對依仗「權力的專制」與「階級主義」。

我們要在秩序中求進步，磨練知性，貫徹各項進步的政策，確立文化性民主國家的各種制度，邁向重建祖國的大業。

上宣言之。

昭和三〇年十一月十五日。

（三）綱領

　1.本黨以民主主義的理念爲基礎，改進及刷新各種制度與機構，以期完成文化的民主國家建設。

　2.本黨基於希求和平與自由的人類普遍之正義，調整改善國際關係，以期完成自主獨立。

　3.本黨以公共福祉爲規範，策劃並實施以個人創意與自由企業爲基礎之經濟總合計畫，以期民生的安定，實現福祉國家之建設。

（四）黨的性格

　(1)本黨爲國民政黨：本黨非代表特定的階級或階層的利益而招致國內分裂的階級政黨，乃基於信義與同胞愛，貢獻於國民全體的利益與幸福，與國民大眾共同促成民族繁榮的政黨。

　(2)本黨爲和平主義政黨：本黨依據聯合國憲章之精神，確保國民所嚮往之世界主義，努力實踐人類的進步與發展。

　(3)本黨爲眞正的民主主義政黨：本黨確信，確保個人的自由、人格的尊嚴及基本人權爲人類進步的原動力，所以始終一貫予以擁護尊重，排擊由於階級獨裁而剝奪國民自由，壓抑人權的共產主義及階級主義勢力。

　(4)本黨爲議會主義政黨：本黨絕對堅持，並發展以國民的自由意志爲依據之議會政治，否定反對黨之存在並與只求一國一黨爲永久政治體制之極左、極右的全體主義對立。

　(5)本黨爲進步的政黨：本黨排除從事鬥爭、破壞的政治理念，基於合作與建設的精神，一方面保持正派的傳統與秩序，一方面因應時代的需求改革現狀，力求進步，積極除惡揚善的進步政黨。

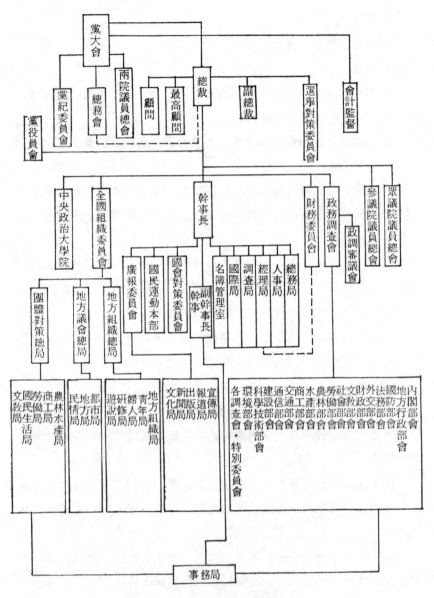

圖二　自由民主黨本部機構圖

⑹本黨爲希求實現「福祉國家」的政黨：本黨否定土地及生產手段之國有、國營，與官僚統制爲主體的社會主義經濟，同時也排斥獨占資本主義，以自由企業爲基礎，重視個人的創意與責任，並以綜合計畫、增加生產，強化社會保障政策，以期國民完全就業及福祉國家的實現。

二　黨的組織

自由民主黨的組織，可分爲中央本部與地方支部組織，而營運中樞設在中央本部。中央本部的組織非常嚴密，其情形如左圖二。

另外還設有政治大學院，綜合政策研究所等研修機構。在地方組織方面，則於每一都道府縣市部連合會下，比照本部組織設有各種機構，茲略述如下：

(一)組織

1.執行機關

⑴總裁、副總裁：總裁爲黨的最高責任者，代表自由民主黨，並總理黨務。副總裁爲輔佐總裁，總裁事故或缺位時代行總裁職務。

⑵幹事長、副幹事長：總裁之下設幹事長一名，副幹事長二名以上，但最多以一〇名爲限，及幹事若干名。幹事長從副幹事長中遴選一名任爲幹事長代理。

幹事長輔佐總裁執行黨務，幹事受幹事長之命分掌黨務，如擔任政務調查會，國會對策委員會等事務。

幹事長之下設總務局、人事局、經理局（含預算決算部，資金部，會計部）、調查局、國際局等機構，並爲了方便掌握黨員動態，設有黨員名簿管理室。

(3)財務委員會：本黨為財政的充實強化與建全運用，設置財務委員會。財務委員會置委員長一名，財務委員若干名。

(4)全國組織委員會：本黨為統一及強化黨的組織活動，設置全國組織委員會。全國組織委員長為靈活運用黨的組織活動，設置地方組織總局，地方議會總局，團體對策總局，各局均設局長、次長、部長、副部長。

各總局與黨外各總團體之間的連絡活動，由全國組織委員會所迅速調整，也因此促進黨組織的強化。此時各種政策活動與政務調查會的各部會密切連絡，循着組織體系，展開各類活動。

因此地方組織總局中，設置地方組織局，青年局，婦人局，研修局，遊說局；地方議會總局長，設置都市局，地方局，民情局；團體對策總局中，設有農林水產總局，商工局，勞働局，國民生活局，文教局等。

(5)宣導委員會：為加強並推動本黨的宣傳活動，設置宣導委員會，置正副委員長及委員。又為有效營運黨的宣傳活動，在宣導委員會中設置宣傳局，報導局，出版局，新聞局，文化局等。

(6)國民運動本部：為強而有力地展開黨的國民運動，設置國民運動本部，設正副部長，並視實際需要設置若干部局。

(7)國會對策委員會：為處理本黨有關國會活動事項，設國會對策委員會。實際上，黨除了選舉之外，與其他政黨的公式活動即為國會活動，也就是立法活動。

(8)黨幹事會：為使黨內各機關的連絡更加嚴密，黨務的營運更加靈活，設黨幹事會。本會具有黨最高的執行機關之性格。通常由總裁、副總裁、幹事長、政務調查會會長、總務會長、國會對策委員長、全國組織委員長、宣導委員長等各機關首長及因應時勢需要，由

總裁指定的人員所構成。

2.議決機關

(1)黨大會：黨大會爲自由民主黨最高的意思決定機關。由本黨所屬之兩院議員及各都道府縣支部連合會選出之代表四名（其中兩名爲青年部及婦人部代表）組織之。黨大會每年舉行一次，經總務會決定後，由總裁召集之。但若兩院議員總會決議召開黨員大會，或三分之一以上的都道府縣支部連合會要求召開大會時，總裁應自要求之日起一個月內召集黨臨時大會。

(2)兩院議員總會：兩院議員總會以黨所屬的參眾兩院議員組織，審議決定有關黨的營運及國會活動之重要事項。本會有代行黨大會議決緊急事件之權，但需由三分之二以上之成員出席決議之。

兩院議員總會設正副會長，於總會中選舉之。會長召集總會，開會時並任會長。

(3)總務會：總務會由黨所屬眾議院議員一五名，參議院議員七名（均由公選推出），及總裁指定者八名所組成。由總務會長召集並擔任議長，負責該會之營運。主要職權爲審議決定黨的營運及有關國會活動之重要事項。

3.政務調查會：

政務調查會是爲自由民主黨本身的政策之調查、研究及提案所設置。該會設各種部會，由本黨參眾兩院議員常務委員組織之。部會分爲內閣、地方行政、國防、法務、外交、財政、文教、社會、勞働、農林、水產、商工、交通、通信、科學技術、環境等。必要時可設各種特別調查會；如憲法調查會，外交調查會等。由各部會、各調查會審議決定政策案時，必須立即透過政務調查會審議會同意，並經其審議決定後，報告總務會，再由總務會決定。

4.選舉對策委員會

選舉對策委員會，由總裁、副總裁、幹事長及總裁指名之委員一二名組織之。總裁與副總裁分別任委員長及副委員長。本會具有公認決定參眾兩院議員本黨候選人之權力與任務。

5.院內機關

院內機關，一般有眾議院議員總會、參議院議員總會與參議院獨自性的參議院幹事長， 參議院政策審議會長， 參議院國策對策委員長，以及其他必要的幹部。

6.黨紀委員會

爲維持自由民主黨之黨規及振興黨風，設有黨紀委員會，由黨所屬眾議院議員八名，黨所屬參議院議員四名，以及總裁指定之非國會議員人士四名以下，計一六名以下的人員所組織。

黨紀委員會於黨大會中選舉，調查審議黨規之維護及有關黨員之賞罰事項。同時在黨紀委員會中，對調查審議事項，經委員三分之二以上出席，出席委員三分之二以上同意，可執行「擾亂黨紀、凌辱黨員、違背黨議」等行爲之懲罰事項。

7.會計監督

自由民主黨各可自眾議院議員總會選出議員二名，自參議院議員總會選出參議員一名，擔任會計監督。

會計監督經常監督黨經理，並審議黨預算案。

8.顧問

自由民主黨最高顧問，必須具備擔任過總裁之經驗而現在仍有黨籍者，或擔任過副總裁，眾議院議長，參議院議長而現在仍任黨屬國會議員者，由總裁委請之。但顧問則須經總務會之決議後由總裁委請之。

最高顧問須隨時因總裁之諮詢，提出國政、黨營運等重要問題的意見，顧問則因應總裁及黨執行機關之詢訊而提出國是意見。

9.本部事務局

為處理自由民主黨之經常業務，在幹事長下設「本部事務局」，配置職員若干人，因應各部門之需要，確立以職階為基礎的人事管理。

10.地方組織

自由民主黨以郡、市、區、町、村及其他一定區域，以及工作機關為單位，設置黨支部。同時設有都道府縣支部聯合會，做為都道府縣內各支部的聯合體，因應地方的需要，展開各種黨的活動。

（二）支持關係

自由民主黨不是代表特定階級及階層的利益，而以全國國民共同的希求為組黨的基礎。因此自由民主黨的支持母體為全國國民；並與民間所組織的各種團體也做密切的連繫，做一個普遍的國民政黨，推行對全體國民有利益的政策為主旨。所以獲得商工、農林水產、社會福祉、青年、婦人、教育、藝術文化、體育等約一千個團體的支持。

（三）派閥關係

眾議院中，現有自由民主黨所屬眾議員的派閥關係為：田中派六二人，鈴木派五〇人，中曾根派四一人，福田派四〇人，河本派二八人，舊中川派六人，無派閥者三二人。

又在參議院中則田中派五一人，鈴木派二七人，福田派二五人，河本派八人，中曾根派七人，舊中川派一人，無派閥者一七人，另有自由國民會議一人❶。

---

❶　根據昭和五八年十二月二〇日日本朝日新聞統計資料。

三　入黨資格

（一）入黨資格

請求入黨者，須由黨員二名之介紹，向黨支部提出入黨申請書，經該支部審查後再送都道府縣支部聯合會認可。入黨條件如下：

1. 申請人本人應有入黨意志。

2. 滿一八歲以上的日本國民。

3. 申請人應在申請入黨地區設有戶籍。

4. 在入黨申請書上記明姓名、住址、性別、出生年月日、職業、介紹者二人之姓名並簽名蓋章。同時必須聲明記載事項絕無虛偽及遺漏。

5. 申請人必須未具他黨黨籍。

6. 申請人應透過地區支部繳清全部黨費。向職業支部申請者，應透過該支部繳清黨費。

7. 必須在規定申請期限內，提出申請書。

（二）黨員人數

現在自由民主黨的黨員總人數為二四七萬七千八百三十三人，自由國民會議都道府縣別會員總數為七萬二千零二六人❷。

四　財政概況

自由民主黨一九八三年度的財政總收入為二四八億零五二六萬元

---

❷　現有黨員人數為根據昭和五八年九月一四日資料；自由國民會議都道府縣別會員總數為根據昭和五九年一月一日資料。

（含上年度餘額五億元）。其中六五億元爲借貸收入。借貸款中有六〇億元須在一九八四年至一九八七年間還清。另外還包括國民政治協會的政治獻金一〇九億元。立法事務經費收入二七億元，黨費收入二四億元，黨營書報事業收入一三億元。

在支出方面，一九八三年度共支出選舉、政治活動費一五九億元。人事費、辦公費等經常辦公費二六億元，宣傳活動費一六億元，政策活動費一三億元，合計二一四億元❸。

日本社會黨

黨址：東京都千代田區永田町一——八——一。
電話：〇三——五八〇——一一七一。

一　組黨的理念與綱領

（一）組黨的理念

一九四五年（昭和二〇年）十一月二日，在二次大戰前分裂的「社會民眾黨」系、「日本勞農黨」系、「勞動農民黨」系、「日本共產黨」系的代表集會，除共產黨之外，均同意組織單一社會主義政黨，於是創立「日本社會黨」。其組黨宣言有三，茲誌如下：

1.本黨爲各階層勞動員工的結合體，確保國民的政治自由以期確立民主主義體制。

2.本黨排斥資本主義，貫徹社會主義，以期國民生活的安定與進

---

❸　財政收支情形爲根據昭和五九年一月二六日自由民主黨黨員大會報告資料。

步。

3.本黨反對一切軍國主義思想與行動，以期實現世界各國恒久的和平。

（二）綱領

現有的日本社會黨綱領爲一九五五年，左派社會黨與右派社會黨還合併時所定，分別從下面四個方向，規定社會黨的理念、政策及組織的原則。

第一：如何觀察日本的現狀。

第二：如何在日本進行社會主義。

第三：社會黨的任務與性格如何。

第四：社會黨所努力的社會主義目標如何。

同時在綱領中明白表示：

1.社會黨爲使資本主義改變成民主的、和平的主義，以實現更高層次的社會——社會主義社會之社會主義政黨。

2.社會黨要廣泛地結合勞動國民，在國民的輿論支持下，努力實現政策的階級性大衆政黨。

爲了使這個綱領更具體化，分別在一九六五年、一九七〇年、一九七三年黨員大會中決定綱領文書：「日本社會主義之道」，「新中期路線——一九七〇年代的課題與日本社會黨的任務」，以及「國民統一綱領」等。至一九八二年更進一步訂定「新社會的創造——我們所努力之社會主義的構想」。

此項構想強調日本社會黨應於八〇年代中，將民主的多數派結合成功，爲實現各派所認同，所支持的各項政策而成立政府。這個「構想」爲日本社會黨政治路線的理論性、運動性基礎。也就是「新社會黨」的運動根據。其特徵有三：

1.從現實出發，從努力中創造未來。在長期且連續的變革過程中，把握邁向社會主義之道。

2.不論高齡化、高學歷化、資訊化、公害、糧食、人類疏離等問題如何，要創造超體制而有效對應各問題的社會。其主要課題有三如下：

第一：從ＧＮＰ為中心的經濟體制，創立以社會進步為指標的福祉型經濟體制。

第二：搶在社會結構變化之先，並配合社會結構之變化，改變各種制度；將今日中央集權、管理化的社會，導向地方分權、民主化。使其成為國民自主社會的社會組織。

第三：反核爆、主張軍縮、和平而從破滅邊緣中拯救人類，達成超越思想、信條的重大任務。

3.在管理社會中，階層分化及民眾要求均多樣化，但要將這些民主多數派結合成功，將社會主義成為國民共同的事業。

由此可知，在文章上社會黨所努力的社會主義不是「一黨獨裁」、「黨與國家之結合」、「由上而下的指導」或「官僚制」等體制。而是約束「複數政黨制」、「黨與國家之分離」、「分權與自治」、「人民自主與連帶關係」的政治體制。

二　黨的組織

日本社會黨的基本組織為中央黨部，都道府縣本部、總支部、支部，而以支部為基礎組織（詳如圖三），茲扼要說明如下：

（一）中央本部為全國組織，也是黨的最高指導部。中央本部的**組織情形如圖四。**

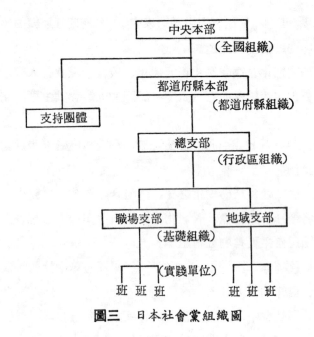

圖三　日本社會黨組織圖

　　全國大會爲黨的最高決定機關，由都道府縣本部代表，都道府縣本部代議員、國會議員、黨員縣市長及支持團體代表所構成，每年開會一次。

　　全國大會決定運動方針，政策等，並選出中央執行委員等。各委員的任期均爲二年。

　　(二)都道府縣本部爲自都道府縣內各總支部選出之代議員舉行大會，決定運動方針，選舉執行委員，統制委員，並指導、掌握所屬的總支部及支部。

　　(三)各行政區設總支部，由各行政區支部選出之代議員舉行大會，決定運動方針，選舉執行委員及統制委員，並指導掌握所屬支部。

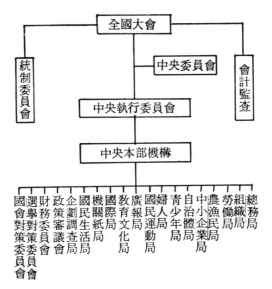

圖四　中央本部機構圖

（四）支部爲黨的基層組織，黨員必須隸屬於支部。支部分爲地方支部與職業支部。

地方支部以黨員住址爲依據，黨員十名以上爲基準而組織之。職業支部爲每一工廠、公司或機構爲單位而組織，但須報告該地區支部。

（五）社會黨的組織原則爲民主集中制，依據民主主義原則而營運。

三　黨　員

（一）入黨資格：承諾本黨的基本方針而滿十八歲以上者，均能申請入黨。

　　（二）黨員數：六萬五千人。

　　（三）黨費：黨員每月收入的〇・七％。（家族黨員爲每月二百元）。

　　（四）黨友：支持社會黨而每年捐獻一千元以上者均爲黨友。現在約有一〇萬人。

四　黨的財政

　　一九八二年的日本社會黨財政收支情形如下表：

表三八　　日本社會黨1982年度收支表

一、收　　　　入	
1. 黨　　　　　　　費	17億2,400萬元
2. 捐　　　　　　　款	1億8,500萬元
3. 事　業　收　入	25億1,300萬元
4. 其　他　收　入	5億4,700萬元
5. 上　期　餘　款	10億8,300萬元
合　　　　　計	60億5,200萬元
二、支　　　出	
1. 組　織　活　動　費	1億9,900萬元
2. 選　舉　關　係　費	700萬元
3. 黨　書　刊　發　行　費	19億3,400萬元
4. 宣　傳　事　業　費	3,900萬元
5. 其　他　事　業　費	1億3,000萬元
6. 調　查　研　究　費	5,000萬元
7. 捐　　　　　　　款	21億5,800萬元
8. 其　他　經　費	900萬元
9. 人　　事　　費	4億7,700萬元
10. 備　品、消　耗　品	3,300萬元
11. 事　務　所　租　金　等	5,500萬元
合　　　　　計	50億9,100萬元

五　決定政策的架構

政策審議會因應基本政策委員會、特別委員會、以及國會常務委員會之需求而設置各部會。根據「營運大綱」所定，政策提案之手續作以下的作業。

（一）將政策分為中長期政策與及時辦政策。分門別類在適當的委員會及部會檢討提案。然後送給「政策審查總合委員會」政策審查全體會議審查、調整、檢討、修改。

（二）對特別問題則在政策審查委員中，或在中央執行委員會中設置小組予以檢討提案。

（三）重要政策則在中央執行委員會檢討，決定後做為黨的政策通令下級遵行。中央執行委員會並對黨的運動加以檢討，調整後做為黨營運的政策。但最後也在黨大會中討論，接受全體黨員的意見，由黨大會表決而獲得贊成或追認。

至於政策性提案則廣求學者、專家及各界各階層的意見，努力於創造對全體國民有益的提案，同時為了實現這些政策，更努力於策定各種法案，以議員提案名義提出國會付諸討論以增進國民福祉。

公明黨

黨址: 東京都新宿區南元町一七。

電話: ○三——三五三——○一一一。

一　組黨的理念與綱領

公明黨的綱領有四:

（一）本黨為尊重人性的中道主義之國民政黨, 以革新的意欲及實踐, 與民眾一齊前進。

（二）本黨基於人性社會主義, 確立負責而自由的經濟活動與保障公正分配之經濟體制, 實現社會繁榮與個人幸福, 努力於福祉社會的建設。

（三）本黨基於各民族均屬地球人之自覺, 依平等互惠及不干涉內政之原則, 推進自主和平的外交, 努力於人類永遠的和平與繁榮。

（四）本黨遵守日本國憲法, 以生命的尊嚴及自由平等為基礎, 不但擁護宗教、結社、活動之自由等基本人權, 更要努力於實現社會性基本權利, 否定一切暴力以期議會制民主主義之確立。

以上四條雖然很短, 但已簡潔明快地表達黨的基本理念及努力方向:

第一條: 表明黨的性格: 向國民宣佈公明黨為「尊重人性」的中道國民政黨。所謂中道主義或可以說為不偏左、不偏右而各取左、右之長, 重視現在與未來, 與民眾一體之路線。

第二條: 表示公明黨心目中的經濟、社會體制與目的。所謂目

的，有如條文中所說：「實現社會繁榮與人類幸福，努力於福祉社會之建設」，至於如何達成此一目的的理念及原則，就是前半部的「基於人性社會主義，要確立負責而自由的經濟活動與保障公正分配的經濟體制」。

所謂「人性社會主義」爲一九七〇年八月，該黨經濟基本政策特別委員會發表「關於人性社會主義」論文時，首先應用的名詞；他們認爲克服現在的資本主義體制或社會主義體制之各種缺陷，將「人性尊重」做爲經濟活動的根底，以創造高效率的民眾福祉社會。

爲實現這樣的福祉社會，必須以更富有人性、更民主的經濟理念爲基礎。那就是「負責而自由的經濟活動」，「保障公正分配的經濟體制」。

第三條：　明示在核子戰爭的危機中，　爲了世界永遠的和平與繁榮，必須有世界各民族均爲地球人之自覺。也可以說是公明黨的國際觀。中曾根康弘首相曾倡議「美日命運共同體」，積極反對美蘇兩國之核子戰略競賽，公明黨則倡世界各民族均爲地球人之「地球命運共同體」，想從這種對人類的共識中，尋求和平的途徑，可以說是同出一軌。

第四條：表明該黨的規範而首先提出擁護憲法的方針。公明黨基於憲法可依時代及社會之進展而修改的前提之下，立於永遠擁護現行憲法之地位。

二　黨的組織

公明黨的基本組織爲黨本部、都道府縣本部、總支部、支部等四級。各級均設有決議機關與執行機關。最高決議機關爲全國大會，其

次為中央委員會。兩院議員總會審議決定有關國會活動之重要事項，
最高執行機關為中央執行委員會，其機構組織如下圖：

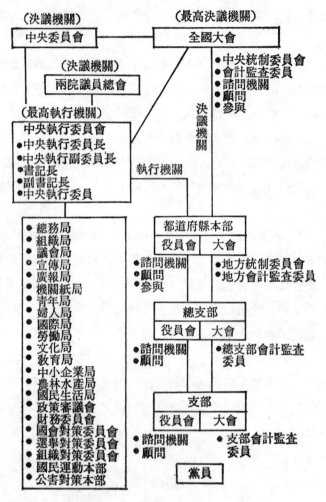

圖五　公明黨的機構、組織圖

三　入黨資格、黨費及黨友

（一）入黨資格：　凡年齡十八足歲以上，　經黨員兩人以上之介紹，獲都道府縣本部長認可者。

（二）黨員數：　一九八二年十二月，該黨舉行第二〇屆全國大會時，黨員總數爲一六萬七千人。

（三）黨費：　一年二〇〇〇元。

（四）黨友：　根據黨規第十一、十二條之規定，黨友的資格條件爲須經黨員二名以上之介紹，並獲該支部長之認可者，均爲公明黨黨友。黨本部並未掌握現有之黨友人數。

四　黨的財政

公明黨「一九八三年度決算報告」已於一九八四年一月二八日，第四六屆中央委員會通過，其詳細情形如下表：

五　決定政策之架構

政黨的政策中，有黨的基本政策與針對政策對象所擬的個別性、具體性政策。另外各種選舉時則有重點政策，也有地域性政策。因此很難提出一元化的決定政策之架構。茲僅就基本政策及個別、具體政策介紹如下：

（一）基本政策：公明黨原則上均在每年一次的黨全國大會中，提出下一年度的基本政策案。審議通過後做爲基本政策。此項基本政

表三九　公明黨1983年收支決算報告書

支　出　之　部		收　入　之　部	
項　　　目	決　算　額	項　　　目	決　算　額
經常費		經常收入	
1. 人事費	2,501,452,303	1. 黨　　費	768,784,500
2. 光熱水費	29,674,972	2. 黨刊等收入	8,995,045,000
3. 備品消耗品	97,385,859	小　　　　計	9,763,829,500
4. 事務所費	214,050,451		
小　　　　計	2,842,563,585	其他收入	
政治活動費		1. 雜收入	112,076,945
1. 組織活動費	94,105,904	2. 流動資產收入	690,040
2. 選舉關係費	635,608,722	3. 固定資產收入	2,597,000
3. 黨刊發行及其	6,594,543,901	4. 其他收入	300,000,000
他事業費		小　　　　計	415,363,985
①黨刊發行費	6,222,818,274		
②宣傳事業費	311,856,627		
③其他事業費	59,869,000		
4. 調查研究費	4,682,138		
5. 捐　　款	873,124,4000		
小　　　　計	8,202,065,065		
預備費			
1. 預備費	0		
支　出　合　計	11,044,628,650	收　入　合　計	10,179,193,485
轉入下年度經費	631,348,090	上年度剩餘金	1,496,783,255
支　出　總　額	11,675,976,740	收　入　總　額	11,675,976,740

策含有：外交、防衞政策、財政、經濟政策、福祉、文敎政策、農林水產、中小企業政策等各種領域。

政策的原案由政策審議會反映全國各政策局長的意見，經擬定後提交黨全國大會議案製定委員會，與擴大中央執行委員會討論，然後才提到黨全國大會。

提到黨全國大會的全部議案，分別先在支部大會、總支部大會、縣本部大會中討論。黨全國大會根據各級討論意見審議，然後付出表決。不庸贅言，其本政策的決定，大致上也是經過這樣的一套手續。由此可知公明黨之決定政策爲以全國大會爲基礎。

再說，政黨的政策必須因應日日變化的社會與經濟情勢而調整，絕不是限於基本政策的範圍。因此公明黨積極鼓勵議員提出法案及各種政策性建言。這種屬於「個別性」具體政策，原則上均在政策審議會中決定。

一般來說，「個別性具體政策」，大部份均由設置在政策審議會中的各部會、特別委員會、特別部會擬定。然後提到定期的（國會會期中爲每週一次）政策審議會全體會議通過。若有更重要的提案則由中央執行委員會審議，各種選舉時之重點政策，大致上也經由同樣的手續決定。但政策審議會決定的政策提案，照黨規規定必須提出中央委員會（次於黨全國大會的決議機關，每年開會四次），或提出兩院議員總會追認。

屬於「個別性具體政策」範圍中的地域性政策，雖然在全國各地黨部與政策審議會密切連繫下製定，但政策的內容須因應各地方的需要，所以大部分均在各都道府縣本部大會中決定。

以上爲公明黨決定政策架構之大概，但其最根本的精神爲反映民意。因此平時特別重視黨與縣市議員、鄉鎮代表爲中心的組織「市（鄉）民座談會」，直接聽取各階層民眾反映的意見。

民社黨

黨址: 東京都港區虎の門一———九———二
電話: ○三——五○—一—四———一

一、組黨的理念與綱領

民社黨是社會黨的改革派（右派）人士爲中心組織的政黨。這些人士改革社會黨的理念有二：

第一：認爲社會黨不應該是革命政黨，而想努力使其成爲基於議會主義的改革政黨。

第二：認爲社會黨不應該是代表勞動階級利益的特定政黨，而應努力使其成爲受全體國民支持的國民政黨。

然而社會黨無法實現這兩種目標，終於走上另組新黨之路。

由此可知，民社黨想成爲一個與自民黨互比高下的政黨，有朝一日也想代替自民黨取得政權。換句話說，民社黨爲想打破萬年執政的自民黨與萬年在野的社會黨之僵局，也就是想打破「五五體制」而誕生的政黨。所以在綱領中開宗明義表明：「本黨爲基於民主社會主義原理之人民政治結合體，本黨與資本主義與左右派全體主義對立，從一切壓迫與榨取中解放全體黨員，尊重個人尊嚴，建設人格自由發展的社會」。

眾所周知，這種民主社會主義的理念爲世界上大部份的改革性政黨的根本思想。如西德社民黨，英國勞動黨，法國社會黨，瑞典社民黨等，在西歐活躍的政黨都抱着這種理念。

　　這些政黨爲了加強彼此連繫、團結，組有「國際社會主義」，而且國際社會主義曾發表「民主社會主義宣言」，分別以四種民主主義來標榜它的理想。

　　(1)政治的民主主義：反對獨裁政治與共產主義，貫徹自由與民主主義政治。

　　(2)經濟的民主主義：改革現行的資本家與大企業優先的經濟制度而建設福祉國家，同時推動反映勞動者及消費者意見的「產業民主主義」。

　　(3)社會的民主主義：建設人人能伸展個性的環境，實現人民工作的權利、受教育的權利及社會保障等理想。

　　(4)國際的民主主義：推動國際合作，排除殖民地主義而建設福祉世界。

　　當然日本民社黨的綱領就是基於這種理念。

二、黨的組織與友好團體

　　(一)民社黨的組織分爲下面五級：

第一級：黨本部。

第二級：都道府縣聯合會。

第三級：選舉區聯合會（以眾議員選舉區爲單位）。

第四級：市、郡、町村單位的總支部。

第五級：以黨員五人以上組織的支部與職業支部。

　　至於黨本部的執行體制爲，在每年舉行一次的黨大會中，決定運動方針、組織方針、政策方針。中央執行委員會與黨三大幹部（俗稱「黨三役」即幹事長、總務會長(政務協調會長)則每二年改選一次。

若要緊急討論活動方針或政策時，則召開中央委員會，日常活動則由每月一次的中央執行委員會中決定以便營運。

另外在國會關係方面則每月召開「國會對策委員會」、「參議院、眾議院的議員團會議」、「兩院議員總會」等以討論各種戰略及有關問題。

　　（二）友好團體

支持民社黨最力、最合作的團體爲「全日本勞動總同盟」，該組織龐大，會員約有二五〇萬人。其他如「全民勞協」、「中立勞連」等組織也有密切的關係。除此之外與民社黨頗爲友好的政策關係研究團體爲「民主社會主義研究會議」（簡稱民社所），推動文化運動的團體爲「全國文化運動協會」（簡稱全文協），教育方面則有「富士社會教育中心」等機構。

其次在和平運動關係方面，則以「禁止核子武器和平建設國民會議」（簡稱核禁會議）、「憲法擁護新國民會議」（簡稱新護憲）等支持民社黨最熱烈。在法律、稅務諮詢等方面則有「民社法曹協會」、「民社稅務協會」等組織，另外在各種職業階層方面有「全國農民同盟」、「全國農民聯盟」、「全國漁船聯盟」、「民社中小企業政治聯合」（民中聯），在青年及婦人方面則有「日本民主社會主義學生同盟」（民社學同）、「日本民主婦人會」（日婦）等，支持民社黨的機構可以說非常廣泛，深入社會各部門。

三、入黨資格、黨員數及黨員

民社黨在黨規第四條及第五條中規定，民社黨員分爲個人黨員與團體黨員兩種。

個人黨員的資格爲「日本國民而遵守綱領、黨規，並按期繳納黨費、購讀黨刊（誌）者」。團體黨員的資格爲「遵守綱領、黨規，並按期繳納黨費，基於自己所隸屬之團體之入黨而申請入黨，獲黨當局核准者」。團體中跨居兩個都道府縣者，以直接向本部申請入黨，在某一都道府縣內者，以加入縣聯合會爲原則。

現在民社黨的個人黨員爲七萬三千餘人，每人應繳納本部黨費三〇〇元，黨刊費三五〇元給黨本部，另外還須繳納縣聯黨費、總支部及支部黨費等。每個黨員負擔的黨費約爲每月一、〇〇〇元。視各縣聯、總支部、支部、服務機構的情形而定。

團體黨員的黨費則由該團體所屬個人每月負擔六元左右，做爲該團體的黨費。現在有「全國纖維」、「全國金屬」、「造船」、「汽車」、「電力」、「全國化學」、「全國郵政」等計有十六團體與「民中聯」加入團體黨員，團體黨員人數爲七九萬餘名。

另外也有各級議員的支持者、農林漁業、中小企業者及一般市民階層等做黨友的民眾，負擔一定的黨費。又有每月繳納三、〇〇〇元，對民社黨做財政支援的「民社友會」及「民社資料頒布會」會員，都屬於民社黨黨友。

四、黨的財政

民社黨一九八三年度的財務收支情形如下：

（一）主要收入

1. 黨費（黨員約七萬人，每月三百元）：合計二億五千萬元。

2. 捐款（政治資金團體「政和協會」等機構的捐款）：二一億八千萬元。

3. 黨刊（誌）等事業收入（週刊民社、革新及其他刊物）：三億三千萬元。

4. 立法調查費（依參與的眾參議員人數計算）：三億六千萬元。

5. 貸款：三億元。總計：約三五億元。

（二）支出情形：

1. 本部書記局人事費：三億八千萬元。

2. 事務所有關費用：五千萬元。

3. 備品、消耗品等費：五千萬元。

4. 組織活動有關費用（含國會關係）：一億二千萬元。

5. 選舉關係費用：七億九千萬元。

6. 黨刊（誌）關係費用（週刊民社、革新等）：二億九千萬元。

7. 宣傳關係費用：六千萬元。

8. 調查研究費用：二千萬元。

9. 補助縣聯等下級黨部費用：一七億元。

10. 委託金（如參議院比例代表制經費等）：三千六百萬元。

總計：約三五億元。

五、決定政策之架構

　　政策不僅是政策審議會上作業的成果，整個黨的活動可以說都包含在政策的範疇之中。換言之，所謂政策必須接受國民的需求，並如何使其實現的活動。民社黨的政策活動，可以用下圖表示。

　　民社黨的政策以反映國民的需求為基礎，並根據學者、專家、大眾傳播網等廣泛的情報，加以過濾整編而成。過濾的意思也就是說，情報是否合於民社黨的理念；「民主社會主義」之一種選擇。換句話

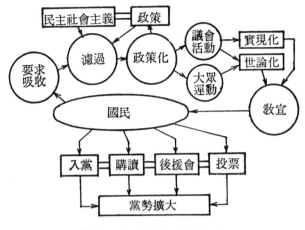

圖六　民社黨活動週期表

說，遵守自由與民主主義，在議會政治的規範下，以公正而活潑的福祉社會為目標，逐漸改革政治而不是維持現狀，也不是站在革命的立場。因此不管是執政黨或在野黨的提案，只要合於國家與國民的需要（如行政改革）就積極推動。反對時則以提出對策為原則，不空言反對。

　　民社黨的最高決定機構為「黨大會」（每年開會一次），在黨大會中，由政策起草委員會（中央執行委員會與國會議員共同組成）擬定大會政策，經中央執行委員會通過，提出大會討論後決定一年間的政策活動。

　　經大會通過的政策，直接反映至國會活動及政策活動，但對國際局勢或重要課題，則不僅由政策審議會，也由中央執行委員會或國會對策委員，組織特別委員會處理。有關國家安全保障或行政改革等最重要課題，則由黨委員長親自組織委員會，自任委員長處理之。然而還是以政策審議會為中心。政策審議會正副會長會議，根據該會各部會的意見，決定政策及法案的去留，同時在國會會期中，頻繁舉行各

部會及正副會長會議，以應付各種情勢之演變。

這種「政審」的具體作業，一般情形爲政審事務局幹部，在學者、專家所組織的知囊團協助，並與外部各種團體（如勞動、農業、中小企業等）連繫合作下進行。同時爲了使政策審議會提高功能，由政審事務局幹部與外部各類協力者，協力團體幹部及黨屬國會議員等成員組織「民社黨政策研修會」，每年開會一次，績效至爲顯著。

此外針對國家重要政策及重要社會問題，也時常邀請一流的學者、專家舉行研習會，然後將研討結果做爲黨的政策基礎。過去已舉行過的研習會如安全保障、校內暴力、土地問題、中國問題、南北問題、參議員選舉制度等，均頗受全國的重視。

總之，民社黨始終根據國民的需求，吸收國民的智慧，製定開明而沒有阻力的政策，爲建設福祉社會而努力。

日本共產黨

黨址：東京都涉谷區千馱ヶ谷四——二六——七。
電話：〇三——四〇三——六一一。

一、組黨的理念與綱領

日本共產黨以永遠爲國民切實的利益與安全而服務，爲擁護和平與民主主義而活動，爲實現掃蕩一切榨取與貧困的社會主義、共產主義社會爲組黨的理念。組黨六二年來始終一貫堅持這種立場，絲毫沒有改變。

二次大戰前，在「治安維持法」❶無理的壓迫下，只有日本共產黨始終主張「主權在民」與「反對侵略戰爭」。今日在許多政黨中，也只有日本共產黨主張「削減軍事經費而充實福祉及教育設施」，反對「日美安全保障條約」，阻止中曾根內閣「不沈航空母艦」路線等，可以說都是根據上述組黨的理念。

日本共產黨以科學的社會主義為理論基礎。眾所周知，科學的社會主義，將資本主義加以分析之後，發現社會必從資本主義轉移至社會主義的合法則性，並且相信二〇世紀正是實證這種發現的舞臺。今日世界上的社會主義國家，雖然尚有內部的種種限制或問題，但已增至十幾個國家，人口約占全世界的三分之一，其成長之快不可說這種發現有謬誤。

日本共產黨的綱領即表示日本朝向社會主義之必然性，綱領中說：「如今在基本上支配日本的是，美國帝國主義與他的附屬性同盟者──日本獨占資本。日本雖為高度發展的資本主義國家，但事實上已變成被美國帝國主義占領一大牛的附屬國家」。日本共產黨認為，在美日「安保條約」之下，日本境內有一千個以上的美軍基地享有治外法權，一旦美國發動了戰爭，日本自衛隊負有共同行動的義務。換句話說，日本的參戰權已掌握在美國手中。日本似乎已喪失了主權。因此綱領中明白規定，「排除美國帝國主義與日本獨占資本主義的支

---

❶ 「治安維持法」。日本大正末期，國內的民主主義運動促使日本成立政黨內閣，製定普通選舉法。但蘇俄共產黨革命成功與戰後的社會恐慌，使社會主義運動益加激烈，一九二二年遂使日本共產黨在不合法下成立。
政府為了要抑制無產階級勢力在普選中抬頭，並防止共產主義思想的滲透，在公佈普選法之前，製定了「治安維持法」，以取締企圖改變國體，否認私有財產的思想或行動。該法於一九二四年製定，一九二七年修改，稱為「改正治安維持法」。

配,透過眞正的獨立與政治、經濟、社會等各層面的民主主義革命而開拓社會主義之大道」。綱領中並且認爲,推動這種民主主義革命的力量,是反對美國帝國主義與日本獨占資本主義的國民團結力,也就是所謂「民族統一戰線」。而獻身於實現社會主義之大道爲每一個共產黨人的重大責任。所以日本共產黨在大多數國民的支持之下,推動和平的民主革命。

俟民主主義革命之成功,實現眞正獨立、民主、和平、中立、繁榮的社會時,日本國民始能稱爲名符其實的國家主人。在目前附屬於美國,大企業優先的自民黨政治之下,無法預料能實現充實的國民生活。除非擺脫美日軍事同盟的桎梏,日本絕不能成爲「非核」,「非同盟」的中立國家。

日本共產黨將「生存的自由」、「市民的政治自由」、「民族的自由」等三種自由的全面成功,視爲未來日本社會主義國家的理想。屆時在大多數國民所擁護的社會主義權力之下,實現大企業的社會主義性國有化。不是爲私人的利潤而是爲社會與國民的生產。也就成爲經濟活動的原理。於是經濟邁向社會主義化而國民本位的計畫經濟也眞正實現。而不再有飢餓、失業等社會問題。當然在農業及中小企業方面的私人經營制度會受保留,其積極性貢獻將受到尊重。

在政治上則堅持以國會爲最高機關的民主主義國家體制,在複數政黨制(含反對黨)之下,維持民主的政權交遞制度,繼續沿用並發展三權分立制而達成「完全的民主」。

最後更因生產力的發展與社會生活的進步,社會主義社會將漸次變移至共產主義社會。屆時國民「依能力工作,視必要而獲得物品」,實現「無強制性國家權力」的共產主義社會,卽眞正平等且自由的社會。

日本共產黨深信，這種社會發展過程的展望，將成爲希求社會進步的日本國民之指南，同時在這種展望與理想之下，暫時以對抗自民黨革新國政爲手段，堅持獨立與自主的立場，向國民呼籲「革新統一戰線」與「民主聯合政府」的樹立之早日實現。

二、組織及支持團體

照綱領中規定，日本共產黨的組織分爲中央、都道府縣、地區、基礎組織等四級。其情形如下圖：

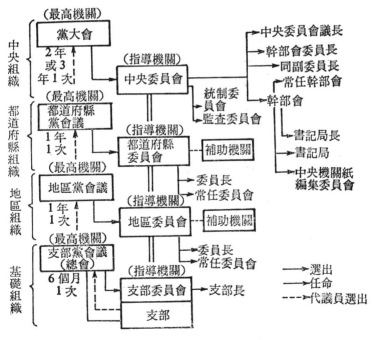

圖七　日本共產黨組織圖

至於黨的研究所，黨的支持團體、友好團體如下：

（一）研究所：日本共產黨中央委員會附屬社會科學研究所。

（二）支持團體：

1. 日本共產黨後援會。

2. 日本民主青年同盟。

（三）黨外主要的友好團體：

1. 統一戰線促進勞動組合懇談會。

2. 全日本民主醫療機關懇談會。

3. 全國商工團體聯合會。

4. 全國生活與健康保護會聯合會。

5. 全日本學生自治會總聯合會。

6. 日本婦人團體聯合會。

7. 新日本婦人會。

8. 全國部落解放運動聯合會。

9. 全國和平、民主主義、革新統一推動懇談會。

10. 破棄「安保」、貫徹各種要求中央實行委員會。

11. 禁止核爆日本協議會。

12. 文化團體連絡會議。

13. 日本科學者會議。

14. 新日本體育聯盟。

三、入黨資格

日本共產黨黨規規定，入黨的資格與條件如下：

申請入黨者，必須爲十八足歲以上的日本人。因爲參加共產黨

，是要爲促進社會的進步與社會的變革而活動，是人生中重大的一項變化。所以申請入黨者，必須達到能自我思考、自我省察，能踏出新人生之自覺的年齡。又解放日本人的事業爲日本人民各個人通力合作的事業，站在這種戰爭的第一線之黨員，也應限於日本籍人民。

其次黨規又規定，成爲日本共產黨黨員的條件有下列三種：

（一）遵守綱領與黨規：不必贅言，做一個日本共產黨員，必須贊成綱領所定「日本共產黨之目標」及遵守黨規所定的「黨的生活與活動」等各項規定，參與各種活動。

（二）加入黨內的某種組織而參與活動：共產黨員若以個人爲主而活動，決不能發揮力量。各個黨員結合在黨的組織下，共同實踐既定的方針，才能發揮最大的功效。

（三）按期繳清黨費：黨規規定，黨費爲各個黨員實際收入的百分之一。

若能遵行以上三種條件的人，均有資格申請加入日本共產黨。但申請入黨時，必須有黨員二人以上之推薦。但凡犯詐欺、竊盜等各種無恥行爲，以及通敵間諜等，顯著違反勞動者之道義，反社會主義，反階級行爲而污蔑黨譽者，一律失去黨員資格。他黨的黨員，原則上也沒有入黨的資格。

日本共產黨的黨員，現約四八萬人。

四、黨的財政

日本共產黨中央本部一九八二年的政治資金收支情形如下表：

表四十 黨中央本部 1982年度政治資金收支

收	入	支	出
黨　　　　費	11億6,000萬圓	經 常 經 費	25億1,000萬圓
寄　　　　付	2億5,000萬圓	機關紙誌書籍	151億1,000萬圓
機關紙誌書籍	197億2,000萬圓	其　　　　他	18億9,000萬圓
其　　　　他	5億3,000萬圓		
計	216億7,000萬圓	計	195億1,000萬圓
去 年 轉 入	34億8,000萬圓	轉 入 明 年	56億4,000萬圓
合　　　　計	251億5,000萬圓	合　　　　計	251億5,000萬圓

五、決定政策的架構

日本共產黨政策的架構，具有下列特徵：

第一：日本共產黨當局認爲，政策是科學的社會主義理論爲基礎的綱領與國民的要求之媒介，所以不僅在黨中央，就是地區委員會及基礎組織（職業支部、地方支部、學園支部等）均有製定政策的權利。

各級黨組織製訂政策時，一方面以實現現有政策及綱領爲指針，一方面顧及大眾生活之實態與需求，以把握大眾運動的現狀爲原則。因此十分重視有關資料之收集、研判、以及有關人員之意見。具體地說，時常舉辦居民及就業員工之民意調查，交換黨內外意見之懇談會，做爲製訂政策之重要手段。

第二：製訂政策不僅是擔當部門的工作，而是在指導機關的指導下，結合集團智慧完成的工作。

以黨中央來說，製訂政策不僅是政策委員會的工作，而是各專門

部局，「赤旗」編輯局，國會議員團等各部門互相合作，進行各項資料的收集、分析與討論、擬稿等工作。同時爲了貫徹政策的正確性、明白性，時常透過各地方組織及黨外專家的反覆討論，不斷修改。在製訂政策的過程中，中央委員會幹部會及常務幹部會，負責指導責任，使能眞正結合黨的智慧，製訂合於國民需求的政策。至於各級黨部製訂政策的過程，均比照黨中央的原則，在努力於結合各方面的智慧中爲之。

新自由俱樂部

黨址：東京都千代田區永田町一─────一──二八相互第一〇大
　　　厦四樓
電話：〇三──五八一──九九一一

一、組黨的理念與綱領

（一）我們基於自由而多樣性的個人之自立與合作，期以創造公正活潑的自由社會，發展更有秩序的自由經濟體制，實現簡樸而高效率的政府爲目標。

（二）我們確信創造公正活潑的自由社會，必須依賴廣義的教育成果爲基礎，因此本黨以教育立國爲目標。

（三）我們認爲二次大戰後已經三〇年，一個時代業經結束，產業文明的發展，正使世界面臨新的時代。因此必須重新檢討從前的制度與政策，一方面建立二一世紀的創造性意像，一方面設定新的國家目標與新政策體系爲目標。

（四）我們基於融合日本文化的優秀傳統與現代化的各種成果之真正保守主義，透過漸進性改革，以開拓日本社會未來新的展望。

（五）我們自覺日本在國際社會中的重要地位與責任，並爲豐富而自由的日本之存續，樹立總合安全保障體制與安定的國際秩序爲目標。

（六）我們要形成符合新時代之國民共識，確立法治國家應有的秩序與道義，恢復國民對民主政治的信賴爲目標。基於以上綱領，不難看出新自由俱樂部的政治理念在強化議會制民主政治的機能。

眾所周知，今日日本政治的病根在政府結構的僵化、腐敗與輕視國民。而其癥結則在自由民主黨一黨單獨長期執政的結果。因此必須打破「五五年政治體制」，改革已經腐敗的政治結構，建立責任政治體制，也就是實施「政界重編」，結合促使政權交替的政治勢力，以應國民對政治之期望，回復國民對政治的信心。在尚未實現這種理想之前，「聯合」與「聯立」的體制，應是中間的，過度期的一項選擇。

新自由俱樂部，爲了達成這個「政界重編」之目標，目前正着手於三種基本政治路線：

第一：改革腐敗的政治，確立政治倫理。卽針對政黨人頹敗的精神，落實灌輸改革的新風。

第二：促進新自由主義的確立：卽對今日的保守政治要求革新，摒除現代資本主義社會的各種矛盾與弊害，排擊僅支持特定集團的利益，偏重特定階層的政治，以實踐社會性公平的政策。

第三：謀求民意的伸張：不拘於舊有的權威與習慣，接受國民的各種要求，發揮柔軟且有先見性的指導力。

二、黨的組織

新自由俱樂部的組織有如下表：

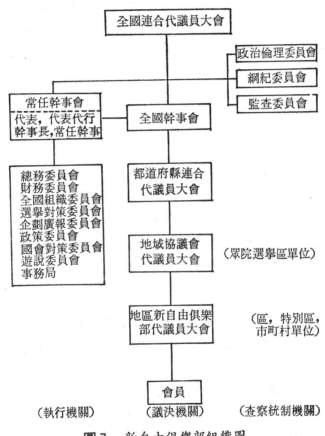

圖八　新自由俱樂部組織圖

各種研究會，除政策委員會的部內研究會之外，均由各議員所設置，所以未編入黨組織及黨的機構。但代表、代理代表及幹事長等，以議

員身分設立的研究會之研究內容、成果、論文、討論結果等議事錄，均登在新自由俱樂部的刊物，以供各會員閱讀（新自由俱樂部不分黨員、黨友均稱會員）。又爲避免牽涉到特定代表之利益，所以在組織上未有黨外的支持團體及友好團體。因此在國際政治舞臺上，新自由俱樂部僅是「國際自由主義」組織的觀察員而未式加入該組織。不像自民黨加入「國際保守主義組織」，社會黨與民社黨加入「社會主義國際組織」成爲正式會員。這些都在表明新自由俱樂部之自由獨立精神。

三、入黨資格

（一）正會員：二〇足歲以上的日本國民而贊同新自由俱樂部綱領，並志願依綱領的規定參與政治活動者，均可申請爲正會員。正式會員有參加黨爲達到政治目的所舉辦的各項活動之義務。

（二）初級會員：未滿二〇足歲的日本國民而贊同新自由俱樂部綱領者，均可申請爲初級會員。初級會員免繳黨費，但也不能參與選舉活動。

（三）會友：贊同或協助新自由俱樂部黨綱而提供服務、資金、並有新的創意以支援本黨或本黨所屬各團體之日本國民，或日本法人，或日本的團體均爲本黨的會友。

申請爲「正會員」、「初級會員」及「會友」時，均須正會員一名以上之推薦，並經地方組織幹事會之認可。

目前會員約二萬名，會友約四萬名，每年應繳會費爲正會員一律三千元。會友則無硬性規定，其金額之多寡，均由會友自由決定。

四、黨的財政

新自由俱樂部，一九八四年度的收支預算如下：

（一）收入部份

1. 上年度存額：二、四七六萬元。

2. 會費（黨費、上繳來本部部份）：四四〇〇元。

3. 捐款收入：七〇〇〇萬元。

4. 立法事務收入：六四八〇萬元。

5. 事業收入：一億元。

6. 法人會費收入：一億六〇〇〇萬元。

7. 其他收入：七〇〇〇萬元。

　　收入合計：七〇〇〇萬元。

（二）支出部份：

1. 人事費：八〇〇〇萬元。

2. 備品消耗品費：二五〇〇萬元。

3. 事務所費：二八〇〇萬元。

4. 組織活動費：七〇〇〇萬元。

5. 選舉關係費：三〇〇〇萬元。

6. 宣傳活動費：六〇〇〇萬元。

7. 調查研究費：二〇〇〇萬元。

8. 捐款或補助金：九〇〇〇萬元。

9. 還借款：七〇〇〇萬元。

10. 明年度基金：三〇五萬元。

11. 其他：三〇〇〇萬元。

支出合計：五億三三五六萬元。

五、決定政策之架構

　　新自由俱樂部於一九八四年十二月二六日起，與執政黨的自由民主黨結成「院內統一會派」參與內閣。因此凡是國家預算案及各種法律案等，均在該案提出國會前就參與審查工作，不像從前一定要等到提出國會後才能審查。同時與自由民主黨之間，因都是執政黨，所以也非常重視相互間的政策調整關係。關於這一點，平時用在政策調整的時間與勞力出乎意料之大。一般來說，每日均與自由民主黨「政調會」舉行連繫會議之外，本黨政調各部會、稅制調查會等各種調查會也都均參加各部會的連繫會議，負起政策調整之責任。然後將調查的結果，提出黨常務幹事會及兩院議員總會，俟通過後做為黨的政策方針。

　　其次新自由俱樂部自己本身，有關決定政策過程的單位不外為，黨最高議決機關的全國代表大會（黨大會）、全國幹事會（相當於各黨的中央委員會）及常務幹事會（相當於自民黨的總務會、在野黨的執行委員會、中央常務委員會）。至於平時的工作，如民眾陳情之受理、調查、研究、提案等均由政策委員會為中心辦理。

　　政策委員會設「本委員會」總轄立法事務，其下設「法案審查會」及「基本政策委員會」以審查提出國會之各種法案及擬定黨的基本政策。

　　除此之外，為了因應社會需要，由「本委員會」臨時決定設置各種小委員會。如「教育問題小委員會」，「國鐵問題小委員會」等。最近「校內暴力及青少年問題委員會」曾針對青年問題提出建言；「

確立政治倫理小委員會」曾提出「眾議院議員限額修正案」、「政黨法大綱」、「情報公開法案」等，都是可圈可點的具體表現。

　　總之，黨決定具體政策的階段可以分爲

　　（一）經「法案審查委員會」或各小委員會討論後，提出本委員會。

　　（二）本委員會將各種有關連的政策及議案等，加以總合調整，從保持黨的基本政策與其整合性的觀點，再予檢討。

　　（三）經本委員會調整後，依事情之緩急提出「三役會議」（代表、代理代表、幹事長），或提出議員總會，俟通過後成爲本黨政策或議案。但重要事件則必須再經過常務幹事會，或再提出全國幹事會審議通過。

社會民主聯合

　　黨址：東京都千代田區平河町二——一二——八アール平河町二
　　　　　○一號室
　　電話：○三-——二三七———一七二七

一、組黨的理念與綱領

　　「社會民主聯合」於一九七八年組黨，至今已有六年的歷史。具體地說：在「五五年體制」漸漸瓦解的過程中，從保守派產生「新自由俱樂部」，而從革新派產生了「社會民主聯合」。也就是說：自一九五五年，社會黨左右聯合與保守派聯合以後，日本的政治便形成「自民黨」與「社會黨」永遠對峙的局面。雖然在經濟上發展迅速，在

高度成長的時代中，國民生活水準提高，竟有九成以上的人民，認為屬於中流階級。但另一方面卻產生了許多矛盾。如環境破壞等公害問題，被外國譏諷為經濟動物等生活問題，有限資源的再檢討問題等，引起國民間的紛紛議論。不僅在政治上產生了新的政黨（如公明黨、民社黨、共產黨等），在自民黨與社會黨之間也發生了一些變化。在自民黨方面，因長期安定的執政，黨本身成為汚職體質，全權體質而發生使國內外譁然的購機貪瀆事件。雖然執政與貪汚常有連帶關係，但一黨獨占政權，且將所有的利益分配給自己的選舉區與支持團體，使政權愈形鞏固，實在很不公平。因此從自民黨之中，新自由俱樂部以改革保守黨政為口號分裂而出。

在社會黨方面也在黨內產生了重要的變化；社會黨不但長久安於第一在野黨的地位，失去了爭取政權的意欲，更不能因應日本及世界之變化，只淪入馬克斯、列寧主義等無謂的論爭。雖然也產生了「江田幻想」，但未被教條式的黨所接受。所謂「江田幻想」即以下列四項為今後社會黨的努力目標之提案:

　　㈠ 美國式高水準的國民生活。

　　㈡ 蘇聯式充實的社會保障。

　　㈢ 英國式議會制民主主義。

　　㈣ 日本式和平憲法。

但社會黨認為它是一種改良主義而未予採納，社會黨不僅已失去爭取政權的意欲，也想排除想改革社會黨的力量。因此故江田三郎氏與一批具有改革熱誠之優秀黨員，脫離組織，繼之田英夫、楢崎彌之助等也感到社會黨無改革可能而脫離組織。原來支持社會黨的國民也發現長久居於在野的社會黨已失去氣力而流為「無支持政黨」階層。後來在經濟高度成長中，全國各地掀起「反公害」憂黨之士，趁民眾

要求改革政治之的居民運動，於是社會黨中的憂國勢，組織了「社會民主聯合」。

「社會民主聯合」的基本理念爲，結合漸序改革社會爲目標之民主主義勢力，開拓代替自民黨政治之新民主政治。具體地說，從根本上重新檢討日本的社會主義運動，並由於市民的政治參與而推動日本政治走上新的時代。也就是說，從生活與生產兩方面，重新檢討日本的將來。其主要目標如下：

（一）以自由、平等、博愛的市民革命理想，實現新而自由的社會主義社會。

（二）以累積漸進的改革，實現自由與民主主義的社會。

（三）爲實現上面所提的理想社會，結合在「和平主義」、「民主主義」、「社會主義」之理念下奮鬪，茲說明如下：

1. 和平主義

(1)根絕人類已體驗過的殘酷的戰爭，堅持日本國憲法之和平主義原理。

(2)反對暴力政治，排除南北格差，樹立和平共存的世界秩序，實現保證第三世界的各種正當權利之國民民主主義。

(3)保護有限的人類生活環境——地球。實現資源、動力、所得等公正分配的人類社會。

2. 民主主義

(1)以個人人格之解放與保證其可能性，爲民主主義之核心，所以要嚴守自由。

(2)現代政治的民主主義，非保障「公開」、「分權」、「自治」、「參與」不可。

(3)市民參與爲政治、文化、經濟等各領域中，以自治爲目標之民

主主義的根源，對社會的改革與活性化，不可缺的要素。

3. 社會主義

(1)社會主義原來就以尋求自由與民主的理想，我們永遠基於繼承這種理想，並使這種理想更完善之社會民主主義。

(2)改革「以無限發展生產力」為前提的社會主義思想，創造與生態系相調和的社會。

(3)自由而分權的社會主義社會乃排斥集權體制，而基於社會性「公正」與「管理」的原理，創造「寬裕的福祉社會」，與平等而自由的市民之共同體為目標。

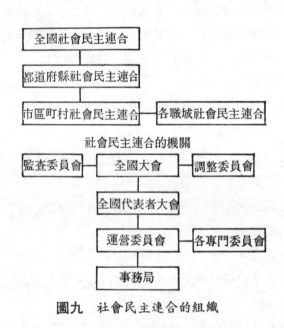

圖九　社會民主連合的組織

二、友好團體與會員

黨外的友好團體有「商業勞工聯盟」等。

會員分爲「會員」與「協會員」。會員不但要擁護綱領——「我們的目標」，並且要遵守黨規。

協會員卽指贊同本黨宗旨之人員。入黨條件爲十八足歲以上的日本國民，經一人以上介紹並繳清黨費者，黨員每人每月二〇〇〇元。

目前黨員與協會員合計約一萬人。黨經費一年約七〇〇〇〇萬元。其收入來源以黨費、協力會費、捐款收入、事業收入爲主。

三、決定政策之架構

黨決定政策時，由政策委員與營運委員會討論後決定之。

著者略歷

一九一七年：生於日本岡山縣。
一九四〇年：國立東京大學文學部社會學科畢業。
現　　任：經東京大學敎授多年後退休，現任該校名譽敎授。
　　　　　日本國社會保障研究所所長。
　　　　　日本全國大學生活協同組合聯合會會長。
主 要 著 作：中國農村社會的結構（有斐閣）。
　　　　　日本農村的社會性性格（東京大學出版會）。
　　　　　社會學的方法與課題（東京大學出版會）。
　　　　　日本的農村社會（東京大學出版會）。
　　　　　日本村落的社會結構（東京大學出版會）。
　　　　　日本農村社會論（東京大學出版會）。
　　　　　現代日本社會論（東京大學出版會）。
　　　　　福武　直著作集。全一〇卷、別卷一。（東京大學出版會）。
　　　　　Japanese Rural Society (Oxford U.P.)。
　　　　　Asian Rural Society （東京大學出版會）。

現代詩學　　　　　　　　　　　蕭蕭　著
詩美學　　　　　　　　　　　　李元洛　著
詩學析論　　　　　　　　　　　張春榮　著
橫看成嶺側成峯　　　　　　　　張春榮　著
大陸文藝論衡　　　　　　　　　周玉山　著
大陸當代文學掃瞄　　　　　　　葉穉英　著
走出傷痕——大陸新時期小說探論　張子樟　著
兒童文學　　　　　　　　　　　葉詠琍　著
兒童成長與文學　　　　　　　　葉詠琍　著
增訂江皋集　　　　　　　　　　吳俊升　著
野草詞總集　　　　　　　　　　韋瀚章　著
李韶歌詞集　　　　　　　　　　李韶　著
石頭的研究　　　　　　　　　　戴天　著
留不住的航渡　　　　　　　　　葉維廉　著
三十年詩　　　　　　　　　　　葉維廉　著
讀書與生活　　　　　　　　　　琦君　著
城市筆記　　　　　　　　　　　也斯　著
歐羅巴的蘆笛　　　　　　　　　葉維廉　著
一個中國的海　　　　　　　　　葉維廉　著
尋索：藝術與人生　　　　　　　葉維廉　著
山外有山　　　　　　　　　　　李英豪　著
葫蘆·再見　　　　　　　　　　鄭明娳　著
一縷新綠　　　　　　　　　　　柴扉　著
吳煦斌小說集　　　　　　　　　吳煦斌　著
日本歷史之旅　　　　　　　　　李永熾　著
鼓瑟集　　　　　　　　　　　　幼柏　著
耕心散文集　　　　　　　　　　耕心　著
女兵自傳　　　　　　　　　　　謝冰瑩　著
抗戰日記　　　　　　　　　　　謝冰瑩　著
給青年朋友的信(上)(下)　　　　謝冰瑩　著
冰瑩書柬　　　　　　　　　　　謝冰瑩　著
我在日本　　　　　　　　　　　謝冰瑩　著
人生小語(一)～(四)　　　　　　何秀煌　著
記憶裏有一個小窗　　　　　　　何秀煌　著
文學之旅　　　　　　　　　　　蕭傳文　著
文學邊緣　　　　　　　　　　　周玉山　著
種子落地　　　　　　　　　　　葉海煙

書名	著者
國史新論	錢穆 著
秦漢史	錢穆 著
秦漢史論稿	邢義田 著
與西方史家論中國史學	杜維運 著
中西古代史學比較	杜維運 著
中國人的故事	夏雨人 著
明朝酒文化	王春瑜 著
共產國際與中國革命	郭恒鈺 著
抗日戰史論集	劉鳳翰 著
盧溝橋事變	李雲漢 著
老臺灣	陳冠學 著
臺灣史與臺灣人	王曉波 著
變調的馬賽曲	蔡百銓 譯
黃帝	錢穆 著
孔子傳	錢穆 著
唐玄奘三藏傳史彙編	釋光中 編
一顆永不殞落的巨星	釋光中 著
當代佛門人物	陳慧劍 著
弘一大師傳	陳慧劍 著
杜魚庵學佛荒史	陳慧劍 著
蘇曼殊大師新傳	劉心皇 著
近代中國人物漫譚‧續集	王覺源 著
魯迅這個人	劉心皇 著
三十年代作家論‧續集	姜穆 著
沈從文傳	凌宇 著
當代臺灣作家論	何欣 著
師友風義	鄭彥棻 著
見賢集	鄭彥棻 著
懷聖集	鄭彥棻 著
我是依然苦鬥人	毛振翔 著
八十憶雙親、師友雜憶（合刊）	錢穆 著
新亞遺鐸	錢穆 著
困勉強狷八十年	陶百川 著
我的創造‧倡建與服務	陳立夫 著
我生之旅	方治 著

語文類

書名	著者
中國文字學	潘重規 著

滄海叢刊書目